TRIGANO

LOVES

YOU

SERGE TRIGANO

TRIGANO LOVES YOU

DU CLUB MED AU MAMA SHELTER
LA SAGA DE LA FAMILLE TRIGANO

ALBIN MICHEL

À Chloe, Adrian et Pars, la prochaine génération.

PROLOGUE

NOUS SOMMES EN FÉVRIER 1997. C'est lundi et le temps est maussade. Le vendredi précédent, on m'a fait savoir que Gianluigi Gabetti, l'avocat du groupe Agnelli, souhaitait me voir à l'occasion de son passage à Paris. Avec la Caisse des Dépôts, le groupe Agnelli est l'un des deux principaux actionnaires du Club Méditerranée.

Curieusement, le rendez-vous n'a pas lieu dans ses très beaux locaux, avenue Montaigne, mais dans ceux de la Caisse des Dépôts, rue de Lille. Dans le bureau du directeur général Philippe Lagayette où je suis reçu, c'est cependant Gianluigi qui est installé dans le fauteuil directorial, face à la Seine. Les choses sont claires : c'est lui qui dirige ce soir.

Tu as trahi le marché, m'annonce-t-il sans détour. Tu ne sais pas compter, tu es incompétent. L'action baisse, nous devons protéger les petits actionnaires. Tu ne peux pas rester.

– Tu as trahi le marché, m'annonce-t-il sans détour. Tu ne sais pas compter, tu es incompétent. L'action baisse, nous devons protéger les petits actionnaires. Tu ne peux pas rester.

C'est bien que le groupe Agnelli se soucie de ses petits actionnaires... Je suis stupéfait. Je sais que la situation est tendue depuis de longues semaines. Les articles de presse, très critiques à mon égard, se sont accumulés. Pourtant, quelle brutalité !

J'essaie maladroitement de me défendre et reconnais les erreurs de communication qui ont été commises. Mais, sur le fond, l'affaire est saine et bien gérée. Au mois de février, la saison d'hiver se révèle déjà excellente : notre chiffre d'affaires est en voie de dépasser les prévisions. Je propose de signer une lettre de démission en blanc et que l'on me laisse jusqu'à la fin de l'année pour prouver la pertinence de ma stratégie. Ce ne serait pas la première fois qu'un dirigeant parviendrait ainsi à sauver sa tête.

Trois quarts d'heure plus tard, me voilà sur le pavé.

Gianluigi reste inflexible. Philippe acquiesce en silence. De toute évidence, ils savent que la saison est bonne, mais leur marge de manœuvre est étroite : ils ont l'intention de m'évincer, et c'est maintenant ou jamais. Je perds la direction opérationnelle du Club, et tout ce qu'ils ont à me proposer, c'est un poste de représentation. Tout est dit. On ne m'accorde ni un verre d'eau ni une parole de réconfort. Gianluigi est là en mission : il est l'exécuteur des basses œuvres du groupe et accomplit sa tâche sans état d'âme.

Trois quarts d'heure plus tard, me voilà sur le pavé.

Rentré chez moi, je fais part à mon épouse de cette nouvelle et j'appelle immédiatement mon père. Au cours des deux semaines qui suivent, nous faisons tout notre possible pour empêcher ce brutal licenciement. Les autres actionnaires, qui ne semblent pas informés de l'affaire, m'offrent d'emblée leur soutien. Mais la bataille est déjà perdue. Nous sommes face à d'habiles stratèges, forts d'un plan élaboré de longue date. J'apprends ainsi qu'au moment même où le conseil d'administration me renouvelait sa confiance, à la fin de l'année précédente, un cabinet de chercheurs de têtes était déjà mandaté par les Agnelli pour me remplacer. Et, quelques jours plus tard, le dirigeant d'une grande banque d'investissement de la place de Paris m'appelle, un peu gêné, pour m'expliquer qu'il a reçu des consignes du groupe Agnelli le menaçant de couper toute collaboration avec eux s'il continue à me défendre. C'est la fin, je le comprends. La fin d'un rêve, la fin d'une époque heureuse. Même si, vingt ans plus tard, je me dis que cette trahison aura peut-être été la chance de ma vie : celle qui m'aura permis de faire naître le Mama Shelter, avec mes deux fils, Benjamin et Jérémie.

Savon de Marseille, épicerie, torréfaction, textile, fabrication de rétroviseurs, quincaillerie, bâches, tentes, camping, séjours touristiques, lieux de séminaires, hôtellerie lifestyle *: en un siècle, la famille a connu de multiples rebondissements professionnels.*

L'histoire que je vous invite à lire maintenant est celle qui nous a conduits jusqu'ici, de réussite en infortune et de ratage en succès, depuis au moins quatre générations. Savon de Marseille, épicerie, torréfaction, textile, fabrication de rétroviseurs, quincaillerie, bâches, tentes, camping, séjours touristiques, lieux de séminaires, hôtellerie *lifestyle* : en un siècle, la famille a connu de multiples rebondissements professionnels, dans des secteurs d'activités très variés. Lorsque j'explore les mémoires familiales, ces expériences hétéroclites m'apparaissent comme autant d'efforts d'adaptation face aux fluctuations de ce monde qui ne cesse de changer. Nous avons su parfois, souvent, anticiper les conséquences de ces changements sur nos métiers, mais aussi accepter les aléas et les inévitables revers de fortune. Venus d'Algérie du côté paternel, de Turquie du côté maternel, mes grands-parents se sont installés en France à la fin de la Première Guerre mondiale. Doués d'une admirable persévérance, d'un grand sens du commerce et d'un fort désir d'intégration de toutes les cultures, ce sont eux qui ont démarré l'épopée familiale dont nous sommes les héritiers – non pas en termes de patrimoine, mais de ces valeurs essentielles qui sont, aujourd'hui encore, nos guides les plus précieux.

Je n'ai pas la prétention d'être objectif, le livre que vous avez entre les mains n'est donc qu'une tentative de retracer ma vision personnelle de cette histoire faite d'amour, de passion, d'angoisse et de rêve : la nôtre.

LE CLUB MÉDITERRANÉE, LA PLUS BELLE IDÉE DEPUIS L'INVENTION DU BONHEUR

L'IDÉE DES VACANCES, D'UN TEMPS HÉDONISTE ET OISIF consacré aux loisirs, est déjà dans l'air du temps en Europe au début du XXe siècle. Alors que les Butlin's Camps prennent leur essor outre-Manche, un Russe blanc champion de natation, du nom de Dima Filipoff, crée, en 1935, le club de l'Ours blanc, dont il organise le premier séjour sportif à Calvi, en Corse. Avec l'instauration des premiers congés payés, l'histoire des vacances peut commencer à s'écrire et nombreux sont déjà ceux qui quittent la ville et recherchent l'évasion sur les rivages de la Méditerranée. Mais la guerre éclate, mettant bientôt fin à ces projets insouciants.

À la Libération, la France panse ses plaies. On réapprend à respirer, on essaie d'oublier… Certains retrouvent leurs commerces, d'autres le chemin de l'usine, d'autres encore repensent le paysage politique de cette France d'après-guerre. Dans cette période où la désolation côtoie l'euphorie, un petit groupe d'hommes et de femmes dont l'envie de vivre est intense ne tardent pas à associer les vacances à une certaine idée du bonheur : ils s'appellent Paul Morihien, Mario Lewis, Tony Hatot, Gérard Blitz – pour ne citer qu'eux. Comme Dima, ce sont des sportifs, champions de natation ou de water-polo, qui se sont liés d'amitié au fil des années et des compétitions. Ils entament ensemble, avec un temps d'avance, une réflexion qui donnera naissance aux clubs de vacances en France.

Lorsque, en 1949, Dima retourne en Corse, il crée à Calvi, en association avec Édith Filipacchi, un village de toile nommé le Club olympique. Mario Lewis y est engagé comme barman et son épouse, Judith Blitz, que tout le monde appelle Didy, le rejoint bientôt. À son tour, elle y convie son frère Gérard.

À 37 ans, Gérard se trouve encore en plein questionnement existentiel. Champion de water-polo engagé dans la Résistance pendant la guerre, il rêve surtout d'un monde meilleur. À la Libération, il a rejoint sa famille à Lausanne, où elle s'était réfugiée après l'invasion de la Belgique, et le gouvernement belge lui a aussitôt confié la création d'un service destiné à accueillir les familles flamandes qui sortent des camps de concentration et transitent par la Suisse pour rentrer au pays. Il a alors décidé de louer, près de Chamonix, un hôtel où il pourrait offrir du repos, des soins et sa chaleureuse présence à ces hommes et ces femmes qui doucement vont devoir réapprendre à vivre. L'hôtel Belvédère y a accueilli jusqu'en 1947 ces rescapés qui venaient s'y reposer avec leur famille, et c'est en ces lieux que Gérard a senti naître une vocation qui ne le quittera plus : celle d'apporter du bonheur aux autres.

D'autant plus qu'en 1945, Gérard a rencontré Claudine, qui est devenue sa femme. Passionnée de mysticisme oriental, elle lui a appris le yoga, l'a initié aux textes philosophiques des maîtres spirituels indiens et lui a inoculé le goût pour ce paradis terrestre dont elle est originaire : Tahiti. Et, petit à petit, Gérard a délaissé la natation ainsi que le métier de diamantaire que son père aurait aimé lui voir endosser pour se mettre en quête d'une activité professionnelle plus en accord avec ses aspirations humanistes.

À l'été 1949, lorsque, répondant à l'invitation de Didy, il pose sa valise au Club olympique, il ne sait pas encore que c'est là qu'il trouvera les sources de son nouveau projet. Mais en quittant Calvi, il n'a plus qu'un seul désir : recréer et partager ce qu'il vient de vivre, offrir aux hommes et aux femmes de son époque un lieu où tout ne sera que beauté, chaleur et gentillesse, un lieu où, loin des contraintes et des habitudes, ils pourront enfin profiter de la vie.

De nationalité belge, Gérard n'a pas la possibilité de fonder une association en France. Il propose donc une alliance à Paul Morihien, venu lui aussi assister à l'inauguration du Club olympique, mais celui-ci s'est déjà engagé auprès d'Hélène Lazareff, fondatrice du magazine féminin *Elle*, pour créer, avec Édith Filippacchi, les « Villages magiques » destinés à ses lectrices. Alors, Gérard, qui a entre-temps obtenu le soutien de *L'Équipe* et de *Paris-Match*, offre à Tony Hatot, champion de France du cent-mètres nage libre, de présider son futur club.

Ses valeurs dominantes seront celles du sport, qui permet des rencontres conviviales et joyeuses. Les éléments naturels des rivages méditerranéens – la mer transparente, les oliviers, la chaleur – offriront le cadre. Contrairement à certains entrepreneurs qui ont en tête d'exploiter commercialement le concept de village de vacances,

Premier village du Club Méditerranée à Alcúdia, Espagne, 1950.

Gérard n'a aucun but mercantile, il veut simplement apporter du bonheur pour effacer les années de guerre. Et paradoxalement, des différents clubs de vacances qui naissent à la même époque, c'est le Club Méditerranée qui connaîtra le seul et vrai succès commercial.

Gérard a décidé d'implanter son club aux Baléares, à Alcúdia, sur l'île de Majorque. L'idée de départ est simple : il s'agira d'un village de toile avec un bar, un restaurant et des activités sportives. Mais un problème se pose : il n'a pas d'argent et les premiers partenaires auxquels il propose de s'associer lui opposent un refus. Il en est à parcourir l'annuaire téléphonique en quête d'un fournisseur de tentes de camping quand son regard s'arrête sur Trigano père & fils.

Le nom lui plaît, il trouve l'idée d'une société familiale plus séduisante que celle d'une classique société anonyme. Il appelle sans tarder et, par un hasard heureux, c'est Gilbert Trigano qui décroche.

Village de tentes à Alcúdia, Espagne, 1950.

Celui-ci, intrigué par le projet, lui donne spontanément rendez-vous dans les bureaux de sa petite entreprise familiale. Dans l'heure qui suit, ils se rencontrent.

Et Gilbert voit arriver un « jeune homme solide, au pas souple, aérien, la main immense dans laquelle la vôtre se perd, des yeux où la mer danse et scintille, la voix chaleureuse et claire[1] ». Il a le coup de foudre. Gérard lui parle de la Méditerranée, du bleu de la mer, de la beauté du ciel, de son club de vacances où tout ne sera que sport, fête et bonheur. Il sait faire partager ses émotions et semble pourvu d'une détermination sans limites pour donner corps à son projet. Gilbert est séduit, irrésistiblement. Il décide de lui louer le matériel nécessaire sans véritable garantie de paiement.

1. *Gilbert Trigano,* La Saga du Club, *Paris, Grasset et Fasquelle, 1998.*

Village de cases de Djerba, Tunisie, 1953.

Le 27 avril 1950, les statuts de l'association Club Méditerranée, association à but non lucratif régie par la loi de 1901, sont déposés à la Préfecture de police de Paris. Démarre alors l'une des plus belles épopées du XXe siècle. Gérard aura créé le Club. Gilbert, qui ne le sait pas encore, en fera un empire sur lequel le soleil ne se couchera jamais.

Gérard est pressé que le rêve devienne réalité et prévoit d'ouvrir le village d'Alcúdia aux vacanciers dès l'été suivant. Pour faire connaître le Club, il va lui-même arpenter les couloirs du métro parisien pour y apposer les petites affiches qu'il a fait imprimer. Les passants se prennent à rêver : trois semaines de vacances aux Baléares, pour la somme de 15 900 francs[2], tout compris !

2. *Équivalent d'environ 450 euros actuels (convertisseur INSEE).*

Village de cases d'Al Hoceima, Maroc, 1963.

Tout compris ? Quelle idée de génie ! Connaître à l'avance le coût exact de ses vacances, partir l'esprit libre ! Et puis, alors que les hôtels de l'époque croulent sous des milliers de factures pendant la haute saison, au Club on sera concentré sur l'essentiel : le bien-être des vacanciers !

Manifestant un certain talent pour le marketing, trois jours plus tard, alors qu'il n'a encore pris aucune inscription, Gérard revient recouvrir toutes ses affiches d'un bandeau annonçant « complet ». C'est astucieux, car ce qui est complet intrigue toujours, et c'est aussitôt la ruée vers les tout petits bureaux de la rue Buffault où Claudine, Gérard et leur secrétaire enregistreront 2 300 inscriptions pour cette première année...

Courant juin, vient le moment de l'ouverture. Se rendre à Alcúdia n'a rien de simple : il faut prendre le train, puis le bateau, trente-six heures de voyage ! Surtout, rien n'est prêt lorsque les premiers vacanciers arrivent. Certes, la cuisine est abondante mais quelconque, les douches sont froides, les jolies tentes Trigano prennent l'eau à la première pluie… Pourtant, il se passe quelque chose de magique. Le Club a vraiment inventé un lieu où la liberté, la lumière, la fraternité, la nonchalance et le rire sont non seulement possibles, mais priment sur le confort matériel. Bien sûr, de temps en temps, quelques mécontents viennent se plaindre auprès de Gérard, mais il les enveloppe alors de sa bienveillance et de son attention et finit par leur insuffler le goût d'être les pionniers d'une telle aventure. Il les remercie si souvent d'accepter avec autant de gentillesse les insuffisances de son association naissante qu'ils finiront par devenir les « Gentils Membres », les G.M., incarnant ainsi l'une des valeurs primordiales du Club dont rêvait Gérard. Et puis il y a Claudine, qui a apporté dans ses valises non seulement ses paréos colorés, mais aussi la fantaisie, la douceur de vivre propres à Tahiti et qui communique à tous son esprit d'insouciance et de légèreté.

Ce premier été se passe donc formidablement bien, même si, au vu des rapports actuels entre consommateurs et prestataires de services, on frôle chaque jour l'incident… Jusqu'à ce que, en plein mois d'août, une terrible tempête s'abatte sur les Baléares, détruisant en partie le village. Les cuisines sont quasiment inutilisables et les tentes en piteux état. Gérard réunit les clients : ils peuvent rentrer chez eux. Mais ils peuvent aussi aider à reconstruire le village et poursuivre leurs vacances. C'est ainsi que, là où une cohorte d'avocats ou d'associations de consommateurs empêcheraient sans doute

Au début des années 1960, le Club loue un hangar à Orly pour accueillir plus de 10 000 G.M.

aujourd'hui le miracle de se produire, tous choisissent de collaborer à la reconstruction du village. On redresse les tentes, on rebâtit les cuisines et les installations sportives. En quelques jours seulement, le village est de nouveau en état de fonctionnement. C'est l'« esprit Club » qui vient de naître.

L'esprit Club, c'est la gentillesse, l'entraide, la complicité. Il permet les rencontres au-delà des critères sociodémographiques traditionnels et regroupe autour d'un style de vie. En témoigne l'histoire de deux G.M. qui, ayant sympathisé pendant leurs trois semaines de vacances,

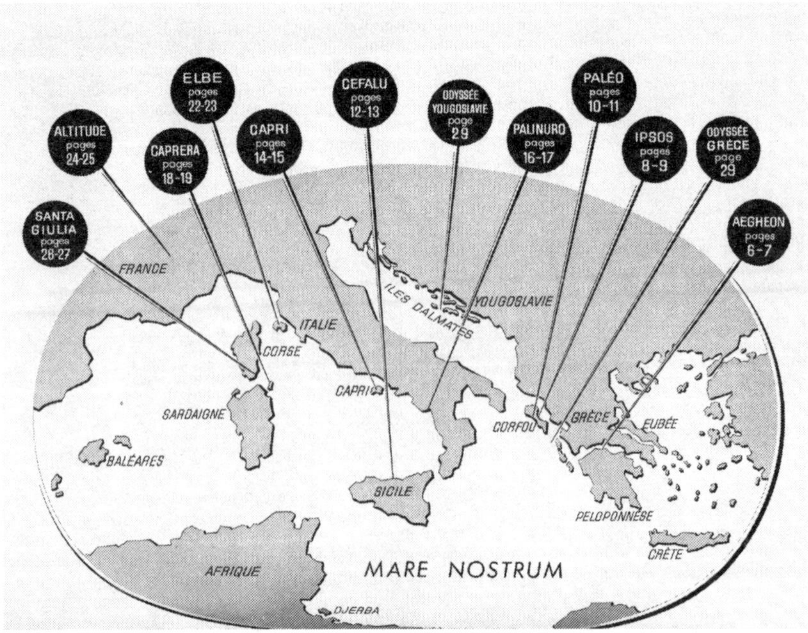

Sommaire illustré du numéro 62 du *Trident* présentant le programme de l'été 1959.

s'apercevront, à l'heure d'échanger leurs coordonnées, qu'ils travaillent tous deux dans la même société, l'un comme gardien de nuit, l'autre comme président…

Passé l'été, les vacanciers, qui ont besoin de garder le contact avec ce Club qui leur a fait vivre des moments si forts, prennent l'habitude de se retrouver en fin de journée dans les bureaux du Club ou dans les cafés des alentours. Aussi, le 4 novembre 1950, une petite fête est-elle organisée à leur attention. L'invitation, qui draine une foule joyeuse, remporte un succès inattendu : on projette des films des vacances, on évoque des souvenirs, on danse, on rit… mais ce qui est en train de se

Sur la page de droite, la couverture du numéro 62 du *Trident* (été 1959).

produire va bien au-delà d'une simple réunion d'après-vacances. Les gens retrouvent à Paris cette ambiance, cet esprit Club qui contraste tant avec leur vie quotidienne. Ils ne veulent plus partir. Le Club est né et, avec lui, l'avant-garde des réseaux sociaux d'aujourd'hui. Quelques années plus tard, ces petites fêtes improvisées attireront tant de monde qu'il faudra tout le talent d'orateur des G.O. (Gentils Organisateurs) pour convaincre le commissaire du quartier et son escorte, débarqués un soir au beau milieu des festivités, qu'ils n'ont pas affaire à une manifestation interdite du Parti communiste ! L'apothéose de ce type d'événement sera certainement la soirée qui se tiendra dans les hangars d'Orly au début des années 1960 : le Club louera les hangars et les aménagera entièrement, fera venir des troupes de danseurs et de danseuses de Tahiti et d'Israël, des milliers de G.M. viendront

Séminaire du Club Méditerranée à Barbizon au début des années 1950 avec tous les pionniers de l'aventure.

participer à la fête et l'autoroute du Sud s'en trouvera bloquée jusque tard dans la nuit.

Avec le Club naît *Le Trident*, un petit bimestriel destiné à maintenir le lien entre les adhérents et à les tenir informés de la vie de l'association. C'est certes un bon moyen de présenter les nouveaux villages, mais, loin d'être un catalogue de vente, il constitue surtout un incroyable outil de communication. On y laisse la parole aux poètes, qui content la vie du Club avec talent, on y publie des récits et des photos de vacances. Très vite, le Club est là encore débordé par le désir de ses adhérents de communiquer, entre eux et avec lui. Ainsi, dès la deuxième année, sont créées les rubriques mariages et emplois. Plus tard, on y annoncera même les naissances ! *Le Trident* devient le lieu où vibrent encore symboliquement les vacances achevées et où le G.M. nostalgique peut prolonger un peu le sentiment d'appartenance à ce Club devenu intime.

Gérard Blitz, fondateur du Club Méditerranée.

Marcel Hansenne, lui aussi sportif de haut niveau, champion de France du 800 mètres, futur rédacteur en chef de *L'Équipe*, en signera le premier éditorial :

« Partir, tout quitter, ranger les souliers cirés et les cols glacés, ne plus ouvrir un journal, ne plus écouter la radio, dire adieu aux pesantes conventions, tout laisser et devenir un autre pendant quelques semaines, loin des autres et près de ceux qui aussi ont senti l'irrésistible envie d'un doux exil, d'une bouffée d'air…

Prendre le train, puis le bateau, aller loin, et s'arrêter là où tout est différent. Et vivre enfin, mais alors ce qui s'appelle vivre, face au soleil, à la mer, au vent, et rire et chanter et pêcher et nager…

C'est tout cela que voulait réaliser le Club Méditerranée.

Eh bien, on peut dire maintenant qu'il a pris un départ magistral.

Son intention, sa grande intention, était d'ouvrir son village de toile, paresseusement allongé le long de la longue baie d'Alcúdia, à ceux qui n'étaient ni snobs ni vulgaires, à ceux qu'un même amour de la nature et un même mépris des cérémonies mondaines rapprochaient.

Là encore, ce fut aussi parfait que l'autorisaient les plus grandes espérances.

Loin de ce que l'on appelle assez inconsidérément la civilisation, loin des querelles et des préoccupations de toute espèce, on se sentait tellement différents. »

Alcúdia n'est donc pour le Club qu'un point de départ, le rêve est appelé à se poursuivre et chacun est prêt à œuvrer pour cela. Mais, l'année suivante, l'Espagne franquiste refuse le renouvellement du bail. Les tenues minimalistes des femmes déplaisent aux autorités militaires et religieuses, qui voient dans le maillot de bain un motif de « damnation absolue ». Je ne résiste pas ici à conter une anecdote : une vingtaine d'années plus tard, le même évêque qui avait expulsé le Club viendra bénir le nouveau village de Porto Petro, installé à quelques kilomètres d'Alcúdia ; il exprimera alors à Gilbert ses regrets : au moins, en 1950, les maillots de bain couvraient encore la poitrine des femmes !

En 1951, Dima rejoint l'équipe, chargé en urgence de partir en quête du village qui remplacera Alcúdia. Il n'a que deux jours pour prospecter. Il décide d'aller explorer la Toscane. Il découvre alors une petite crique au bord d'une plage de sable noir, le golfo di Baratti. Les installations sont aussi spartiates qu'à Alcúdia, avec des sanitaires en plein air et des douches communes, et le nouveau village n'entrera pas dans la légende, mais l'esprit y est tout autant à la fête.

« Et vivre enfin, mais alors ce qui s'appelle vivre, face au soleil, à la mer, au vent, et rire et chanter et pêcher et nager… C'est tout cela que voulait réaliser le Club Méditerranée. »

Extrait du premier éditorial du *Trident*, écrit par Marcel Hansenne.

La présence de Jean Balandjian y est pour beaucoup. Horloger à Paris, Jean a 25 ans et a suivi là un de ses amis qui, grisé par son séjour au Club l'été précédent, l'a convaincu de l'y accompagner. Lorsqu'il s'installe près du bar avec sa guitare, les filles s'agglutinent autour de lui, séduites par ses chansons douces. Et puis il passe ses journées à résoudre les petits tracas quotidiens, à organiser des jeux pour les enfants, à amuser les uns et les autres… Tant et si bien qu'au bout de quelques jours, tout le monde le prend pour un animateur ! Tandis que Jean-Pierre Bécret dirige admirablement la partie administrative, Jean, entre animateur et gestionnaire, est en train d'inventer le métier de chef de village.

Et, en 1952, Gérard découvre l'île de Corfou. La Grèce lui offre le décor où le Club pourra asseoir véritablement son succès : un site d'une cinquantaine d'hectares sur une baie d'une beauté à couper le souffle. Avec la complicité du personnel grec, admirable de dévouement et d'imagination, le Club peut maintenant s'attacher à parfaire son idée du village de vacances idyllique. De la case au restaurant et du restaurant à la plage, on oublie sa voiture dans la douceur du sable. On oublie aussi son porte-monnaie, grâce au séjour « tout compris ». On oubliera même un peu plus tard, quand les premiers G.M. auront fait des enfants, de les surveiller et ils jouiront en toute sécurité du village tout entier comme vaste terrain de jeu.

À Corfou, le Club offre des installations plus confortables, une table de qualité et une profusion d'activités sportives, mais, surtout, il casse tout à fait les codes et offre à ses membres un mode de vie totalement décalé par rapport à leurs habitudes. Loin des règles et des conventions, loin des statuts sociaux et des obligations quotidiennes, chacun est entièrement libre d'être lui-même et de s'adonner aux activités auxquelles il aspire. Chaque jour, une vingtaine de caïques emmènent les G.M. faire des promenades en mer, des pique-niques ou de la pêche sous-marine, encore autorisée à l'époque. Pratiquer un sport, faire la fête, draguer, faire l'amour, s'isoler : tout est possible, tout est à portée de main.

Cœur de vie du village, le bar offre l'espace de convivialité par excellence. Il est comme son organe vital principal : le lieu de tous les passages, de toutes les rencontres, de tous les hasards, de tous les rendez-vous.

Tout le village bat au rythme des amours de ses occupants. Amour légitime, amour défendu, pour toujours ou pour une saison, chacun peut y vivre en toute insouciance une sexualité libérée, ce qui rend l'idée même de harcèlement tout à fait impossible. Je ne sais si l'on couchait plus au Club que dans les autres lieux de vacances. Disons en tout cas qu'il y avait peut-être un peu moins d'hypocrisie. Les G.O. sont des charmeurs, ils font tourner les cœurs. Cela fait partie du mythe et les caricatures que donne à voir le film Les Bronzés[3] sont à peine exagérées. Les couples se font et se défont et il naîtra beaucoup de « bébés Club ». Nombre d'entre eux deviendront eux-mêmes G.O. et certains y feront toute leur carrière.

Certaines traditions marquent les premières décennies du Club. Après quarante-huit heures de train et une nuit de traversée en ferry, les vacanciers embarquent dans les caïques qui les conduiront à Corfou. Au petit matin, alors qu'ils approchent de la plage, ils sont accueillis par une cohorte de G.M. sur skis nautiques, portant les drapeaux de leurs différentes nationalités. Au village, les nouveaux venus, encore tout pâlichons dans leurs costumes citadins, sont attendus par les anciens, les « bronzés ». On coupe les cravates, on leur fait prendre une douche tout habillés... Tant de choses qui aujourd'hui conduiraient probablement à de redoutables procès, mais qui à l'époque symbolisent tout simplement l'entrée au paradis.

Les goûts des adhérents changeront et certaines traditions des

3. *Peut-être le seul défaut de mon père – parce qu'il faut bien en trouver un, même quand on est totalement fan et pas tout à fait impartial – serait son manque d'humour : il semblait avoir pris irrémédiablement ombrage de ce film, chef-d'œuvre dans lequel nous étions pourtant nombreux à nous reconnaître et que nous n'osions jamais évoquer devant lui.*

premières heures se perdront, mais le village saura garder son âme et rester ce lieu qui rend possible la vacance, celle de l'esprit, cette disponibilité qui permet d'aller à la rencontre de « sa véritable nature, de son êtreté[4] ».

C'est Didy qui dirige le village. Elle a quitté Mario et les Villages magiques pour rejoindre le Club l'année précédente et elle règne maintenant sur Corfou avec une main de fer et une incroyable créativité. Elle jouera un rôle déterminant, s'attachant à esthétiser autant que possible chaque détail. Et puis, grâce à Claudine, on vit l'insouciance du temps suspendu des vacances dans un curieux mélange de cuisine grecque et d'ambiance tahitienne. Claudine a le don de dénicher les talents exceptionnels et atypiques qui font les bons G.O. Sur son invitation, tous les étudiants tahitiens qu'elle a connus à Paris viennent, avec leurs guitares, apporter au Club une touche de légèreté et de fantaisie. Très rapidement leurs paréos colorés deviennent la tenue officielle des G.O. Symbole de la douceur de vivre polynésienne, épurement à l'extrême du vêtement, porté aussi bien par les hommes que par les femmes, le paréo ne connaît pas les variations de la mode et transcende les classes sociales. Bientôt, les G.M., eux aussi, se ruent dans les boutiques pour acquérir ce bout de tissu magique. Suspendu à la porte d'une case, il signifie que ses occupants, s'adonnant probablement aux amours d'un après-midi ou de toute une vie, ne souhaitent pas être dérangés... Devenu objet fétiche du Club par excellence, il s'exportera bientôt sur toutes les plages du monde comme l'accessoire indispensable des vacances.

4. *Gérard Blitz,* La vacance, entretiens avec Bruno Solt, *Paris, Dervy, 1990.*

Le Club vit à la polynésienne avant même d'oser formuler l'idée de s'implanter à Tahiti... En résonance avec le mythe polynésien, le village est cet îlot magique qui donne à goûter un peu de cette vie simple, libre et heureuse, proche de la nature, emplie d'amour et de beauté, à des hommes et des femmes que leur vie citadine use à longueur d'année.

Intrigué par ce qui se raconte au sujet de ce lieu si atypique, le roi de Grèce en personne consacrera son implantation en l'honorant de sa visite au cours de l'été. Charmé, il partira en souhaitant longue vie au village.

Placé sous ces bons auspices, Corfou restera un de nos villages les plus prisés tout au long de la vie du Club. Quelques années plus tard, les villages annexes de Paleokastrítsa ou de Parga, à quelques kilomètres de là, offriront à ceux qui n'aiment pas la foule, mais sont amoureux du concept, des vacances en tout petit comité pour vivre un Club à leur dimension. Quant à moi, c'est à Corfou que je déciderai, vingt ans plus tard, avec l'accord de Gilbert et d'André Regad, alors directeur général des opérations, de commencer ma vie professionnelle au Club.

Après le succès de Corfou, commence une véritable épopée. Le Club est submergé de demandes. Chaque année, les candidats à ces vacances de rêve se pressent en foule devant les bureaux dès la veille des inscriptions. Il faut s'organiser : les bistrots alentour acceptent de rester ouverts la nuit et l'on prend soin de distribuer des cafés chauds et des croissants au petit matin. En 1955, les gens font la queue sous la neige et prennent littéralement d'assaut les bureaux dès l'ouverture. Plusieurs milliers d'inscriptions sont refusées. Il devient impératif de s'adapter si l'on veut pouvoir répondre à cette demande. Alors, on ouvre de nouveaux villages : à Djerba en Tunisie, à Caprera en Sardaigne, à Palinuro en Italie, à Cefalù en Sicile et à Cadaqués, sur la Costa Brava, où le peintre Salvador Dalí, en bon voisin, fait de fréquentes visites.

Le Club, soutenu par le journal *L'Équipe*, est essentiellement fréquenté par de jeunes sportifs de sexe masculin. Pour le plus grand bonheur de tous, cette même année, Gilbert et Gérard rachètent l'association des Villages magiques, plutôt prisée pour sa part par les lectrices du magazine *Elle*. Témoin de bien des unions, et aussi de nombreuses séparations, le Club est en passe de devenir, bien avant l'arrivée de Meetic, le plus grand facilitateur de rencontres amoureuses du monde !

Jean Balandjian (un des premiers chefs de village), Gérard Blitz, Gilbert Trigano et l'équipe commerciale, à Paris, dans les années 1960.

Mais un problème majeur se pose : la trésorerie est nulle durant la saison hivernale et les G.O. sans emploi. Dès le mois d'octobre, ils en sont réduits à errer dans les bureaux du Club. Gilbert propose alors de s'implanter à la montagne afin que le rêve ne connaisse plus de saisons.

Cependant, quand il essaie de trouver une station, il essuie refus sur refus. Aucune station française ne souhaite accueillir le Club. Peut-être son image est-elle un peu trop folklorique… Jean-Pierre Bécret part alors prospecter en Suisse. Après quinze jours de recherches infructueuses, il s'apprête à rentrer à Paris lorsqu'il rencontre, dans un hôtel de Lausanne, un promoteur immobilier. Il lui parle du Club, lui explique son projet de sports d'hiver et c'est ainsi que, sans même qu'il ait visité la station, le projet d'installation du Club à Leysin voit le jour.

Station des Alpes vaudoises, Leysin devait jusqu'ici sa notoriété à ses sanatoriums spécialisés dans le traitement de la tuberculose. La tuberculose a disparu, les hôtels sont vides : aussi le promoteur a-t-il été séduit par l'idée d'y implanter le Club. Ainsi, en 1956, ouvre le premier village de neige.

Les vacances à la neige deviennent alors accessibles pour le plus grand nombre, mais, surtout, le Club les rend plus faciles. Inutile de voyager avec un équipement lourd et coûteux, on peut le louer sur place. Inutile de faire la queue pour acheter les tickets des remontées mécaniques, elles sont comprises dans le forfait. Inutile de s'inquiéter pour ses enfants, ils s'amusent du matin au soir, pris en charge par des moniteurs qui leur apprennent à skier. La réussite est totale et le concept ne cessera d'être copié par la concurrence. Aujourd'hui

2e ANNEE. — N° 15 — SPECIAL — Novembre 1952

LE TRIDENT

Bulletin du **CLUB MÉDITERRANÉE**, 8, Rue de la Bourse, PARIS-2e - RIC. 78-00

Demandez le numéro spécial, demandez le numéro spécial, demandez le numéro spécial, demandez le numéro spécial, demandez le
cial, demandez le numéro spécial, demandez le numéro spécial, demandez le numéro spécial, demandez le numéro spécial, demandez le nu
mandez le numéro spécial, demandez le numéro spécial, demandez le numéro spécial, demandez le numéro spécial demandez le numéro spéci

Le Club vous propose une formule nouvelle :

l'ABONNEMENT-VACANCES

Nous avons imaginé une formule, nouvelle en France : l'*Abonnement-Vacances*.

Etant « abonné », vous étalerez le paiement de vos vacances sur toute une année, de janvier à décembre.

Vous paierez mensuellement une quote-part *avant* vos vacances et continuerez à payer *après* celles-ci jusqu'en décembre.

Nous voulons, pour cette première année, faire un essai, surtout administratif : pour cela, nous avons décidé de limiter le nombre de ces abonnements à 1.000.

C'est par le prochain « TRIDENT » que vous apprendrez le programme complet pour 1953 et vous pourrez, alors, après avoir choisi votre village et la durée de votre séjour, souscrire votre abonnement.

Lorsque nous aurons enregistré les 1.000 abonnements prévus, les inscriptions seront momentanément closes. Nous les rouvrirons au 1er mars, comme d'habitude, pour les places restant disponibles, avec le même mode de paiement que les années précédentes, soit : un acompte au moment de l'inscription, le solde total au moins 15 jours avant le départ.

Nous avons voulu, en utilisant l'abonnement-vacances, rendre l'accès à notre formule plus facile pour chacun de nos adhérents : il ne faut plus que le budget de vos vacances constitue une charge ou un souci pour vous.

VOUS POURREZ SOUSCRIRE VOTRE ABONNEMENT-VACANCES

... dès la parution du prochain Trident, *qui vous fera connaître le programme complet pour* **1953.**

Vous souscrirez l'abonnement comme une « assurance-vacances » comme vous souscririez n'importe quelle forme d'assurance.

— **Inscription réservée** aux seuls adhérents actuels;
— **Quote-part mensuelle** de 1/12e de la somme souscrite en fonction du village et du nombre de semaines. **(Paiement trimestriel** si vous le **désirez)**;
— **Prix identique** que vous choisissiez l'abonnement vacances ou non;
— **Nombre limite** d'abonnements-vacances pour cette année : 1.000;
— **Dès la parution du prochain « Trident »** : parution du programme 1953 et ouverture des inscriptions pour les abonnements;
— **Après le 15 mars** mise en vente **des places restant disponibles : acompte à l'inscription et solde complet au moins 15 jours avant le départ;**
— Etant « abonné » il vous sera loisible, jusqu'au 15 mars, de faire connaître **votre date de départ**;
— **En cas de désistement** vous serez remboursé sauf une retenue de 15 %.

Dans le prochain « Trident » paraîtront, en même temps que le programme complet de la saison 1953, de plus amples détails sur les points cités ci-dessus.

En même temps que nous proposons l'abonnement, nous élargirons notre formule : davantage de choses seront comprises dans le prix forfaitaire payé à Paris.

L'abonnement-vacances aura certainement un grand retentissement : nous vous rappelons cependant, qu'il est réservé, du moins pour cette année, à nos seuls *adhérents actuels*.

CLUB MEDITERRANEE.

SI l'Abonnement-vacances avait existé en 1952

— *Ceux qui ont passé trois semaines à Corfou auraient versé une quote-part mensuelle de 2.315 fr.*
— *Ceux qui ont passé deux semaines à Baratti auraient versé une quote-part mensuelle de 1.550 fr.*
— *Ceux qui ont souscrit une semaine supplémentaire dans l'un ou l'autre village auraient versé en plus une quote-part mensuelle de 333 fr.*

•

NOUVEAUX MEMBRES

Pour les nouveaux membres que les G. M. désirent parrainer, il a été décidé :

1° De n'accepter ces nouvelles adhésions **qu'à partir du 15 mars 1953;**

2° Que ces nouveaux membres paieront, outre leur cotisation, **un droit d'entrée au Club de 500 fr.**

PARRAINAGES

Vous pouvez ... mainte-
nant, faire con...
adresses des pe...
qui s'intéresse...
commandez. ...
luitement le ...
qu'au 1er ma...
pourront da...
sa formule e...
dre la décisi...

L'abonne...
pas seule...
pour les ...
Club d'a...
villages ...
mieux ét...

Quand le Club tente tout et innove en permettant aux gens de payer leurs vacances par abonnement, *Trident* de 1952.

encore, l'équipe dirigeante du Club Méditerranée fait des séjours à la montagne l'un des points forts de sa stratégie, utilisant intelligemment une recette mise au point il y a soixante ans.

À cette époque, il y a toujours au Club quelqu'un pour imaginer quelque chose qui facilitera le quotidien de tous. Ainsi est inventé le collier-bar, qui permet de libérer tout à fait son esprit du souci de l'argent. Selon la légende, cette idée de génie est venue à Jean-Pierre Bécret lors d'un voyage en train, alors qu'il est simplement plongé dans la contemplation méditative d'une petite fille enfilant des perles de couleur sur un collier. Les voyages offrent, à qui sait s'en saisir, cette disponibilité de l'esprit qui permet parfois à de très bonnes idées d'émerger. Le concept est simple : des perles de couleurs différentes ayant chacune une valeur sont enfilées sur un collier qui peut aller sans risque jusque dans la piscine et permet de se promener dans le village

Gérard Blitz et Gilbert Trigano.

sans argent en poche – ce qui est plutôt bienvenu lorsque l'on porte un paréo pour tout vêtement. En abolissant la circulation de la monnaie à l'intérieur des villages, le collier-bar participe de la société idéale et égalitariste que les pères fondateurs veulent établir. C'est, en quelque sorte, la première monnaie internationale jamais créée dans le monde ! De plus, l'absence d'argent tend à limiter les fraudes et rend quasiment indolores les dépenses au bar. Ce sera une des plus belles idées du Club.

Un jour de pluie, nous voyons toutefois se dissoudre la peinture dorée d'un seau entier de perles restées dans la cour du bar de Corfou. De fausses perles ! Elles perdent ainsi, sous nos yeux, l'espace d'une averse, cinquante pour cent de leur valeur... Nous découvrirons plus tard des seaux entiers de ces fausses perles aux Puces de Paris et nous réussirons à retrouver les faux-monnayeurs responsables de ce trafic. C'est une perte pour le Club, mais il s'en remettra ! Ce qui est

Gilbert et Simone Trigano avec Edmond et Nadine de Rothschild dans les années 1960.

amusant, c'est de constater – non sans fierté pour ses fondateurs – qu'à cette heure où le Club n'en est encore qu'à ses débuts, la monnaie qu'il a créée revêt déjà suffisamment d'intérêt pour faire l'objet d'une exploitation frauduleuse... Cette première décennie d'existence est donc placée sous le signe de l'innovation. Les tristes tables de deux de la restauration traditionnelle font place aux conviviales tables de huit. Ainsi, après avoir passé ensemble de longues heures dans les compartiments à huit places de la SNCF, les G.M. sont heureux de se retrouver pour partager un repas. Très vite, François Hubert, responsable de la restauration, met en place la formule du buffet à volonté, qui permet à chacun de manger à son rythme et selon ses goûts. Après de longues discussions, on décide même d'offrir le vin à discrétion. Le Club, qui entend réduire au maximum les sources de préoccupation de ses gentils membres, propose bientôt le paiement des vacances à crédit. Et puis, sous la houlette de François Becker, le directeur des transports, la prise en charge du voyage vient s'ajouter au concept du tout compris. Chaque année, chaque saison, le Club ne cesse jamais d'innover.

Les années 1950 auront donc été celles de la folie créatrice, celles où le Club est progressivement devenu un phénomène de société. Les années 1960, elles, seront celles du risque, celles où, voulant aller trop vite en termes de développement, il manquera d'en mourir.

Au début des années 1960, Gilbert et Gérard prennent la mesure de l'empire qu'ils ont créé. Le Club a gagné la confiance de ses adhérents. Les vacanciers règlent leurs vacances à l'avance, ce qui permet d'investir dans de nouvelles installations. Des villages ouvrent partout

Gilbert, après avoir reçu le chèque d'Edmond, s'offre ses premières vacances familiales à Venise avec son épouse, Simone, et ses enfants, Lydie, Sylvie, Brigitte et Serge.

en Europe : en Yougoslavie, en Italie, en Espagne… Pris de frénésie, ils mélangent alors joyeusement la trésorerie à court terme avec les besoins de financement à long terme, jusqu'au jour où la caisse est vide : il n'y a plus de liquidités disponibles pour la saison à venir.

Ils sont au bord de la faillite. Les banques, estimant que le Club n'a aucun avenir, refusent tout crédit. C'est Edmond de Rothschild, une des plus grandes fortunes d'Europe, qui sera leur sauveur.

Ce que Gilbert ne sait pas au moment où il prend l'initiative de le contacter comme un ultime recours, c'est que le baron a déjà été, à plusieurs reprises, en rapport avec le Club. Las des hôtels de luxe et séduit par son aspect festif, il lui est arrivé à plusieurs reprises de faire escale au village de Caprera lors de ses périples à la voile au large des côtes sardes. Qui aurait pu alors imaginer l'identité de ce G.M.

Didy Blitz, sœur de Gérard.

Jean-Pierre Batard, chef de village historique.

drôle et chaleureux, qui prenait part sans réserve à la fête ? Il a aussi séjourné dans un village du Club en Israël, ravi d'être traité avec tant de simplicité, de gentillesse et d'humour, sans obséquiosité. Aussi, lorsque Gilbert le sollicite, il le reçoit avec intérêt.

Gilbert lui explique la situation : Gérard et lui tiennent entre leurs mains quelque chose de formidable, quelque chose qui risque fort de disparaître s'ils ne trouvent pas quelqu'un qui accepte d'investir dans leur folle aventure. Edmond est séduit. Il fait faire un audit des comptes par son comptable qui, au-delà de la gestion folklorique de l'affaire, sait voir l'honnêteté et le courage de ces deux pères de famille qui se versent eux-mêmes de tout petits salaires, de ces chefs d'entreprise talentueux qui rêvent sincèrement d'un monde meilleur. Ils font preuve d'une franchise et d'une transparence telles qu'Edmond n'hésite pas à prendre cinquante pour cent des actions du Club, pour dix millions de francs. Il devient donc actionnaire de référence, réduisant *de facto*

Au milieu, Pierre Braet alias « Bellings », chef de village historique.

Gilbert Héron, chef de village historique, avec Gilbert Trigano, années 1980.

la participation de Gilbert et de Gérard au capital. Il offre ainsi au rêve la possibilité de se poursuivre, tout en réalisant ce que lui-même considérera comme la meilleure affaire de sa vie.

Le Club trouve également de nombreux soutiens politiques, dont celui – ô combien important – du roi du Maroc, Sa Majesté Hassan II. L'idée que le tourisme contribuera sans nul doute à la pacification du Rif permet l'implantation d'un premier village dans la province d'Al Hoceïma. Puis, en 1963, après avoir essuyé le refus des investisseurs traditionnels marocains et français, il fait appel à Gilbert pour en implanter un autre à Agadir. Ce dernier accepte immédiatement et c'est une relation de confiance exceptionnelle qui s'établit entre les deux hommes. Trois ans auparavant, la région a été dévastée par le séisme le plus meurtrier de l'histoire du Maroc. La ville renaît de ses cendres. Le Club est le premier complexe touristique à s'y installer et le roi laisse à Gilbert carte blanche pour choisir son

Pierre-Jean Laplace, Sylvie Trigano et André Regad, directeur des opérations.

Bernard Pollack, organisateur du festival de jazz de Dakar en 1980.

site. Le bureau d'études du Club concevra alors, sous la direction de Jean Weiler, ce que je considère encore aujourd'hui comme une de nos plus parfaites réalisations. Au même titre que Corfou dans les années 1950, le village d'Agadir marque une montée en gamme et un vrai tournant évolutif. Premier village en *bungalows* de l'histoire du Club, premier village du soleil en hiver, il est bientôt le rendez-vous de la *jet-set* parisienne et du monde du prêt-à-porter. Ouvert toutc l'année, il devient notre village fétiche, séduisant ceux qui aiment l'idée du Club, mais refusent le confort trop spartiate des villages de cases.

Comme il n'y a pas d'épopée sans figures légendaires, le Club n'aurait pas d'histoire sans ses chefs de village. Personnages atypiques, monstres sacrés, ceux de la première heure sont des hommes et des femmes étonnants. Ils dirigent leur tribu avec une personnalité si forte que nombreux sont les G.M. qui choisissent leur lieu de vacances, non plus en fonction des destinations géographiques, mais

Les plus grands jazzmen de l'époque au festival de jazz de Dakar en 1980 : Dizzy Gillespie, Dexter Gordon, Phil Woods, Al Foster, Stan Getz, Roy Haynes, etc.

simplement pour les suivre. Avner, Didy Blitz, Jean Balandjian, Jean-Pierre Batard, Bellings, René Hallemans, Gilbert Héron, Ali Imane, Pierre-Jean Laplace, Jean-Pierre Levrard, Christian Papa, Bernard Pollack, Pops ou Jean-Paul Richez sont les talentueux précurseurs d'un métier qui n'existe pas. Ils font vivre leur village au rythme de leur passion – qu'il s'agisse du sport, de la musique ou du bien manger – et lui donnent un ton unique. Ils ont leurs excès, boivent parfois un peu trop, n'ont pas toujours le sens de la gestion, mais ils donnent de l'âme à ces lieux d'exception. Ce sont eux qui, dans leur folie créatrice, inventeront les fameux signes démentiels[5], une accumulation de

5. Je crois que les responsables sont René Hallemans, Jean-Pierre Batard et toute une équipe de joyeux lurons, lors d'une des premières saisons à Caprera. Souvent moqués, ces signes délirants s'étendront pourtant au monde entier et seront même repris, quelques années plus tard, dans des émissions de télévision ou dans de très sérieuses réunions d'entreprise pour créer l'esprit d'équipe.

signes totalement fous, moyen précieux et tellement joyeux de réunir des hommes et des femmes n'ayant en commun aucune autre langue, pour partager des moments intenses de rire et d'amitié.

Les premiers chefs de village sont fréquemment mis dans des situations difficiles. Il leur manque bien souvent de l'argent en fin de saison pour payer les fournisseurs. Plus tard, lorsque le Club partira à la conquête du Japon ou des États-Unis, il leur manquera des G.O. parlant la langue de leurs clients, mais ils sauront toujours faire face et réussir les challenges auxquels ils seront confrontés.

Viennent derrière eux quelques hommes et femmes tout aussi talentueux, un peu moins atypiques, un peu plus rigoureux, mais toujours au service de la même obsession : faire vivre leurs villages avec passion et amour. Ils ont été eux-mêmes G.O., ils ont évolué grâce au Club, y ont trouvé des repères, mais ce sont également eux qui le font évoluer et dessinent son avenir. Ils ont la finesse de transmettre leur savoir-faire tout en donnant à de nouveaux talents les moyens de s'épanouir à leur tour.

À cette époque, les chefs de village rivalisent de talent et d'attention pour satisfaire des clientèles assez disparates. C'est l'époque où l'on achète par centaines les costumes du Casino de Paris ou du Lido, pour la beauté des spectacles. C'est l'époque où Dudule et Parachou, responsables des activités sportives, introduisent le *windsurf* sur les plages et démocratisent le tennis. C'est l'époque où les chefs de cuisine inventent les plus beaux buffets du monde tout en s'assurant que chacun, au milieu de tous ces plats exotiques, puisse trouver la cuisine de sa mère : les spaghettis pour les Italiens ou le poulet frites pour les Français. C'est l'époque où les moniteurs des baby-clubs et mini-clubs créent pour les enfants de petits paradis dont il est fort difficile de les arracher, ne serait-ce que le temps d'un repas. C'est l'époque où excursions et circuits sont organisés pour faire découvrir les cultures des pays hôtes, au rebours du mythe du village de vacances replié sur lui-même. C'est l'époque où, au gré de l'imagination des chefs de village – imagination toujours contrôlée de près par le siège – les villages se singularisent. Ici, un amoureux de la musique a invité ses dizaines de copains musiciens – dont certains deviendront d'ailleurs des stars – transformant le village en véritable salle de concert en plein air. Là, ce sont de grands champions, comme Charles Bozon ou Guy Perillat, qui font rêver les G.M. en les accompagnant sur les pistes enneigées. C'est l'époque où, à côté d'un concept qui se réinvente et s'améliore chaque saison, une certaine folie règne dans les villages. Le chef de village donne le ton et les G.M. se laissent joyeusement entraîner. Ainsi, le village de Santa Giulia en Corse sera pacifiquement envahi par une horde de G.M. partis de bon matin de Caprera en Sardaigne dans des caïques, pour y faire un pique-nique de folie. Ainsi, Jean-Pierre Batard décidera d'accueillir les G.M. en musique, en donnant un concert de bienvenue dans la si convenable et silencieuse gare de Saint-Moritz. C'est l'époque où, miraculeusement, tout ceci se passe, pour la plus grande joie de tous, dans l'acceptation bienveillante des autorités locales.

C'est l'époque où Bernard Pollack, musicien fou de jazz, organisera le plus incroyable des concerts, dans le stade de Dakar. Des milliers de jeunes viendront y assister, fous de bonheur, en présence de tout le gouvernement sénégalais. C'est aussi l'époque où, à chaque fin de saison, une faune incroyable envahit les bureaux du Club place de la Bourse, plutôt calmes et studieux en temps normal. Deux fois par an, un vent de folie bouleverse la maison : les équipes rentrent des villages. Les fanfares de Jean-Pierre Batard ou de la Guitoune résonnent entre les murs. Affublé de son chapeau de paille ou de son paréo, chacun vient s'enquérir de sa prochaine affectation, négocier son salaire, faire campagne pour sa future promotion ou simplement offrir des pâtisseries du Maroc ou des fleurs de tiaré aux secrétaires qui tombent en extase. À l'étage de la direction générale, où se succèdent réunions de travail, rendez-vous avec des ministres et interviews avec des journalistes, Gilbert s'arrête un instant pour se plier à ce cérémonial, embrasser et féliciter tout le monde.

Au cours de ces années euphoriques, Gérard fait la rencontre d'Eva Ruchpaul, première femme yogi d'Europe. Elle lui fait découvrir le yoga, puis la sagesse zen, et Gérard se retire progressivement de la direction du Club pour s'adonner corps et âme à ces disciplines. Progressivement, Gilbert s'installe donc seul aux manettes du Club, qu'il n'aura de cesse de développer à coups d'acquisitions, rachetant les concurrents au fur et à mesure qu'ils se développent, cherchant à ouvrir de nouveaux marchés et, bien évidemment, arpentant la planète, toujours en quête des plus belles plages. Bien sûr, des échecs feront partie de l'aventure, mais n'est-ce pas le prix à payer pour un Club en perpétuel mouvement, toujours à la recherche de la satisfaction de ses Gentils Membres, toujours à la pointe de l'innovation ?

UN HOMME, UNE VISION

LES HYPOTHÈSES QUANT À LA NAISSANCE DU CLUB et à la répartition des rôles entre Gérard et Gilbert ont fait couler beaucoup d'encre. À l'image des régimes soviétiques des années 1960, l'équipe de direction actuelle du Club est en train de réécrire l'histoire, faisant du président actuel le successeur direct de Gérard et réduisant peu à peu le rôle de Gilbert à celui de fournisseur de matériel de camping. Drôles de procédés, trop mesquins cependant pour être dignes d'intérêt.

On l'a vu : à la fin des années 1940, l'idée du club de vacances était dans l'air du temps. Billy Butlin, Gérard Blitz, Dima Filipoff, Édith Filipacchi, tous ont fait un rêve similaire au même moment. Pourtant, entre les Butlin's Camps, le Club olympique et les Villages magiques, le Club Méditerranée s'est distingué, devenant rapidement la référence de ce secteur émergent. Le charisme exceptionnel de Gérard compte pour beaucoup dans ce succès, mais c'est aussi et surtout la volonté de fer, la vision claire, le redoutable sens des affaires de Gilbert et son attachement à des valeurs fortes qui lui ont permis de prendre l'essor qu'on connaît.

RÊVER

Depuis l'âge de 15 ans, Gilbert ne rêve que de théâtre. Il souhaite devenir comédien, ce que son père, Raymond, ne prend pas du tout au sérieux. Appelé comme zouave pendant la Première Guerre mondiale, Raymond a dû quitter l'Algérie pour rejoindre les troupes françaises. Après quatre années de mobilisation, il a eu du mal à quitter la France. Il s'est attardé à Paris, repoussant son retour au pays, si bien que Félicie-Blanche, sa femme, désespérant de le voir revenir un jour, a décidé de l'y rejoindre avec leurs trois enfants, Edgard (né en 1910), Élise (née en 1912) et Yvonne (née en 1913). À son arrivée, la famille s'est installée à Saint-Maurice, dans le Val-de-Marne, et Raymond s'est lancé dans la torréfaction et le commerce du café[6]. Il est devenu un commerçant de talent et son usine est prospère lorsque Gilbert naît, en 1920.

> *« Mon ambition, ma motivation, c'est essayer d'imaginer tout ce que l'utopie peut nous faire imaginer et y puiser ce qui peut se concrétiser, ce qui confirme que l'utopie n'est pas un rêve, mais peut devenir une réalité. »*
>
> GILBERT TRIGANO

La légende veut que cet enfant fragile lui ait coûté sa fortune. En effet, un an après sa naissance, la santé déjà fragile de Gilbert s'est dégradée. Face à ce drame, n'ayant plus aucun recours, Raymond s'adresse à Dieu.

6. *Détail amusant, un siècle plus tard, son arrière-petit-fils, Jérémie, investira, sans connaître l'histoire de ses ancêtres, dans l'un des premiers torréfacteurs français et est en train d'en faire un leader européen.*

Il lui demande de tout lui prendre, mais de lui laisser son fils. Il sera exaucé. Malgré les sombres pronostics des médecins, Gilbert survivra mais, quelques jours plus tard, l'usine de torréfaction brûlera.

Mon grand-père est cependant doté d'un trait de caractère qu'il nous a transmis à tous : la ruine n'est pas une fatalité, il ne faut pas s'attarder sur un échec, mais tout mettre en œuvre pour repartir. Raymond garde donc le sourire et, dès le lendemain, se met à vendre du savon de Marseille. Puis naissent Colette, en 1922, et André, en 1925. Les revenus de la famille ne sont plus assez réguliers pour assurer sa subsistance. Il faut déménager, changer de train de vie. La famille emménage dans un petit pavillon du quartier ouvrier de Montreuil-sous-Bois. Malgré les dettes qui les accablent, la richesse de cœur et la fantaisie de ses parents permettent à Gilbert et à ses cinq frères et sœurs de rester des enfants gais et unis.

Gilbert est de nature curieuse. C'est un élève brillant qui remporte tous les premiers prix – y compris ceux de camaraderie. Il est doué pour l'écriture, mais possède aussi un incroyable don pour le calcul mental qui lui vaudra la note de 19,5/20 au BEPC. Il doit cependant renoncer à poursuivre ses études, car les finances familiales ne le permettent pas. Seul Edgard pourra mener à terme des études secondaires qui lui permettront de commencer sa vie professionnelle dans le secteur bancaire.

À Montreuil, Gilbert rencontre de nouveaux camarades de jeu : Roger Pigaut, Jean-Marc Thibaut, Serge Reggiani, Daniel Gélin, Jean Carmet, qui tous feront de belles carrières de comédiens. Edgard, son frère, de dix ans son aîné, l'initie à l'Opéra, Yvonne, sa sœur, au

Gilbert avec ses amis comédiens, Daniel Gélin et Serge Reggiani, et le metteur en scène Roger Pigault, dans les années 1970.

théâtre. Il commence à écrire des saynètes qu'il joue avec ses copains dans les petites salles de Montreuil et vend même quelques sketches à des chansonniers célèbres. Chacun de ses sketches lui rapporte 1 000 francs, un cachet conséquent lorsque l'on sait que le salaire mensuel d'un ouvrier affleure alors les 300 francs… Il écrit beaucoup, un sketch tous les quinze jours, on cite son nom à la radio, il rapporte de l'argent à la maison, il prend confiance en lui. Mais c'est surtout les rires de ses sœurs et la fierté mêlée de tendresse qu'il peut lire dans le regard de sa mère qui font son bonheur.

Quand vient l'été 1936, Gilbert a quelques économies. Pour le récompenser de sa réussite au brevet, son père complète ce pécule pour qu'il puisse s'offrir ses premières vacances. Il part alors pour Le Crotoy, station balnéaire de la Somme où il voit la mer pour la première fois. Il choisit de prendre ses quartiers à l'Hôtel des Artistes où séjourne la troupe qui anime le casino local pour la saison. Il se sent tout de suite à son aise parmi ces jeunes gens et ne tarde pas à les rejoindre sur les planches, comme chef de chœur et comme comédien.

Malgré ces succès, Raymond s'inquiète du peu de stabilité qu'une carrière théâtrale peut offrir à son fils et souhaite s'assurer que celui-ci est à même de gérer un commerce. Alors il lui apprend le métier et lui confie la petite épicerie dont il a la gérance, rue Rennequin, dans le 17e arrondissement. Gilbert a six mois pour faire ses preuves s'il veut revenir à sa passion. Il prend son rôle à cœur et devient un vrai commerçant, debout à 4 heures pour s'approvisionner aux Halles. Puis, l'esprit du métier le gagne tout à fait : il observe, il raisonne pour développer son commerce. Il décide d'innover en livrant à domicile et en ouvrant le lundi, alors que les autres commerces sont fermés, et voit avec bonheur son chiffre d'affaires quadrupler.

Fort de ce succès, il retourne à ses projets de comédien et s'acharne plusieurs années à tenter de le devenir. Mais ce chemin ne sera pas pavé uniquement d'heureuses réussites. Un jour, son ami Roger Pigaut, qui doit se présenter à une audition en vue d'intégrer le cours d'art dramatique de Raymond Rouleau, lui propose de l'accompagner pour lui donner la réplique. Dans la scène qu'ils doivent interpréter, Roger demande à Gilbert de séduire sa petite amie, car il souhaite épouser une autre femme. Mais Roger est beau comme un dieu alors que Gilbert, lui, n'a pas du tout le physique d'un jeune premier. Aussi les rires fusent lorsque Roger déclare : « Toi auquel aucune femme ne résiste, cela te sera très facile de la séduire. » Gilbert sort du théâtre le cœur brisé. Ses pas le conduisent près du canal Saint-Martin. Il considère un instant la possibilité de s'y jeter... avant de se souvenir qu'il sait fort bien nager.

Heureusement, il sait se ressaisir rapidement. Comme son père, il a le talent pour rebondir. Le lendemain, il revient chez Rouleau qui a proposé tout de même de l'auditionner. Nouvelle déception : il présente la tirade d'Oreste et Rouleau l'encourage à préparer le rôle de Sganarelle ! Mais, qu'importe, il est pris. Il deviendra ensuite l'élève de Pierre Dux et Fernand Ledoux, puis fréquentera le cours Simon. Lui qui aspire au tragique et au sublime devra ravaler son amertume et sa fierté pour travailler les rôles comiques qui lui sont inévitablement proposés, mais son aspiration au bonheur lui permettra de s'en accommoder. Après tout, même s'il s'agit de jouer la farce et la comédie, il semble tout de même avoir l'étoffe d'un comédien puisque ses professeurs le préparent à entrer au Conservatoire. Il est même retenu pour jouer dans un film.

Mais la guerre interrompt ses projets. Son frère Edgard, qui s'est échappé d'Allemagne grâce à de faux ordres de libération, est recherché pour évasion et usage de faux. Et puis cela fait déjà quelque temps qu'un voisin, commissaire de police, en très bons termes avec la famille, conseille à Félicie-Blanche de quitter la capitale. La famille décide alors de partir et de rejoindre l'Ariège où se sont déjà réfugiés quelques amis. Ils s'installent à Mazères, petit village de 2 200 habitants, qui leur offre un accueil chaleureux. André s'y enracinera et en deviendra bien plus tard le maire. Quant à Gilbert, il y rencontrera celle qui sera la compagne de sa vie et bientôt ma mère, Simone.

Comme lui, Simone est parisienne ; comme lui, elle s'est réfugiée là avec sa famille : ses parents, des juifs originaires de Turquie, et ses deux sœurs aînées. Gilbert, pour conquérir son cœur, lui fait une cour assidue, lui offre des cerises, parce qu'elle aime tant ça, et compose pour elle des poèmes.

Mais il doit d'abord assurer la subsistance de sa famille. Avec ses frères, il trouve du travail comme manœuvre à l'usine de Pamiers. C'est une usine d'armement qui fabrique des matrices d'obus, des roues de tanks et de wagons. À l'instar d'André, il ne tarde pas à entrer en Résistance. Ils se font prendre, tous deux, en pleine manœuvre de sabotage de la production et doivent fuir, entrer en clandestinité. Réfugiés dans un petit appartement sans chauffage et dépourvus de vêtements chauds, ils connaissent le froid et la faim, dont la hantise suivra Gilbert toute sa vie.

Mon père ne nous a en fait jamais parlé ouvertement de cette époque ni de ses activités dans la Résistance. Il était très secret et c'est grâce aux témoignages de notre entourage que j'ai appris beaucoup de choses : qu'il est devenu le représentant des Forces unies de la Jeunesse patriotique au sein du Comité départemental de la Libération, et aussi que, pour toute arme, il n'aura jamais eu que l'écriture et la parole.

À la Libération, la famille découvre avec étonnement l'implication des deux frères dans la Résistance, dont Gilbert est devenu un membre important. Convié à prendre part au procès des collaborateurs et criminels de guerre, il essaie d'insuffler de la modération dans les jugements rendus, plaidant la clémence à l'heure des représailles. De nature plus idéaliste que revancharde, il préfère s'atteler à construire le futur. Il se fait le porte-parole des espoirs du Parti communiste, clamant sa foi en l'avenir sur la place publique. Son talent d'orateur est apprécié et il est rapidement promu journaliste à *L'Avant-Garde*, organe de la Jeunesse communiste, puis à *L'Humanité*. Le Parti lui confie même la direction artistique de la Fête de la Jeunesse communiste au Vél' d'Hiv'. Malgré le minuscule budget qui lui est alloué, il parvient à faire venir de nombreux artistes, dont Tino Rossi et Maurice Chevalier. Il demande aux vedettes de se produire gracieusement – leur rappelant au passage qu'ils ont beaucoup chanté pour les Allemands – et réserve son budget pour les cachets des jeunes artistes. Il reçoit les félicitations de Maurice Thorez, alors secrétaire général du PC, qui, grâce à lui, monte ce jour-là à la tribune devant plus de trente mille jeunes. Mais lorsqu'il rend les comptes à ses chefs en restituant la moitié du budget prévu, ceux-ci l'accusent d'avoir bafoué la dignité du Parti en ne rémunérant pas tous les artistes. Peu de temps après, les articles qu'il écrit pour *L'Huma* sont jugés en désaccord avec la ligne éditoriale et censurés. Gilbert claque la porte.

Il a 25 ans. Il ne fera carrière ni sur les planches ni en politique. Mais il est très amoureux de Simone et souhaite fonder une famille. Car Simone a dit « Oui », le samedi 9 juin 1945, à la mairie de Noisy-le-Grand. C'est donc par amour qu'il accepte enfin « l'emploi sérieux » que lui propose son père dans la petite fabrique de bâches pour camions qu'il gère avec Edgard et André. Par amour pour Simone, qui fond en larmes lorsqu'elle découvre le dénuement du petit appartement qu'il a réussi à louer dans le 19e arrondissement.

Mariage de Gilbert et Simone, le 9 juin 1945.

Edgard a obtenu un prêt qui lui a permis d'ouvrir une quincaillerie, avenue Jean-Jaurès, avec son père, en face de la fabrique de bâches installée de l'autre côté de la rue grâce aux surplus que l'armée américaine a laissés en France à la fin de la guerre. Ainsi, André tient la quincaillerie, et Gilbert s'occupe de gérer la confection des toiles avec Edgard.

Et puis, un jour, une vieille dame pousse la porte de l'atelier et demande timidement s'il est possible de lui confectionner une tente en toile pour camper au bord de la mer. Gilbert pressent qu'il y a une piste à explorer – on est pourtant encore loin d'imaginer le formidable succès qu'aura bientôt le camping auprès du grand public. Si cette vieille dame qui a survécu à la guerre s'apprête à prendre ainsi les premières vacances de sa vie, les jeunes, dans leur soif de vivre, ne tarderont pas à en faire autant. On lance alors la Triganette et l'atelier se met à confectionner des tentes qui se vendent admirablement bien en ces temps où l'on rêve de nature, de soleil et de liberté. L'entreprise est florissante.

Le jour où Gérard entre en contact avec Trigano père & fils, le rêve qui l'anime entre en résonance avec le désir qui n'a pas quitté Gilbert d'œuvrer pour un projet d'intérêt sociétal. Ce dernier ne se contentera pas longtemps de fournir au Club son matériel de camping, mais partagera avec Gérard les espoirs communs qui le feront progressivement s'éloigner de l'affaire familiale et s'imposer bientôt auprès de la joyeuse équipe du Club. Ils sont deux jeunes hommes aussi candides qu'ambitieux. Ils n'ont pas d'argent, mais leurs rêves n'ont pas de limites. Gilbert devient rapidement trésorier de l'association. L'intello solitaire rejoint la bande de joyeux sportifs. Ils ont pour eux la folie, Gilbert, lui, a la rigueur. Il ne leur ressemble pas et connaît parfois quelques heurts avec les plus anciens, mais il devient très vite indispensable et, Claudine Blitz en tête, l'équipe va bientôt reconnaître en lui son leader. Quelques années plus tard, au cœur d'une discussion avec des G.O. et en racontant l'épopée, Gérard tiendra à affirmer qu'il considère Gilbert comme co-fondateur du Club.

Gérard est utopiste, ce qui à la fois séduit et désespère Gilbert, sans qui le Club connaîtrait sans doute les mêmes difficultés que ses concurrents. Certains clubs de vacances ne survivent alors que grâce au soutien discret de généreux donateurs, comme Maurice Varsano, cet ancien champion international de water-polo ayant fait fortune dans le négoce du sucre. De même, le Club Méditerranée pourrait peut-être vivoter encore quelques années, avec cinq ou six villages, grâce à la générosité de quelque inconditionnel mécène, mais ce n'est pas l'avenir auquel aspire Gilbert.

En 1954, Maurice Blitz, le père de Gérard, comprend que le Club doit évoluer et propose à son fils de rapprocher capitalistiquement parlant les deux familles : la société Blitz-Trigano est créée. Gilbert et Gérard, associés à parts égales et principaux actionnaires de cette nouvelle société, se partagent le pouvoir pendant un certain temps avant que Gérard ne quitte le Club pour vivre ses autres passions. Gérard a peut-être alors le sentiment d'avoir rempli sa mission ; il pressent sans doute également que Gilbert fera du Club l'œuvre de sa vie et saura mieux que personne donner vie à leur rêve.

À l'instar d'un Ray Kroc – l'homme qui n'a pas inventé Mac Do, mais qui en a fait un empire en effaçant la mémoire de ses créateurs et en les grugeant au passage –, Gilbert pourrait effacer la mémoire de Gérard. Mais l'amitié qu'il lui voue est indéfectible. Non seulement il ne cesse d'idéaliser le rôle de fondateur de son ami, mais il l'aide financièrement à plusieurs reprises, lui rachetant même complaisamment deux ou trois fois les mêmes actions.

Au Club, Gérard reste président d'honneur, il dispose d'un bureau, qu'il fréquente peu, et d'une secrétaire. Il organise chaque année un grand rassemblement dédié à la pratique du yoga, dans le village de Zinal, en Suisse. Comme au début du Club, il règle les frais de l'année précédente avec les acomptes de la future assemblée... Gilbert ferme les yeux.

Et puis, en 1972, on lui diagnostique un cancer de la peau. La maladie le rongera longtemps. En 1989, un grand séminaire aura lieu à Opio pour fêter les quarante ans du Club. Quelques semaines avant, Gérard m'accordera notre dernier tête-à-tête. Il m'exprimera son souhait de me voir prendre la direction du Club le jour où Gilbert prendra du recul. Cette forme de bénédiction aura pour moi une grande valeur symbolique et jamais je n'oublierai ce court et émouvant entretien. À Opio, nous serons six cents G.O. à nous lever tous ensemble pour une dernière ovation en son honneur. Il nous quittera quelques mois plus tard.

OSER

Les premiers villages sont apparus sur les rivages de la Méditerranée, entre ciel et sable, comme autant de petits paradis cachés. Loin d'altérer l'harmonie du paysage local, pensés pour protéger les sites et favoriser les rencontres, ils passaient presque inaperçus, drapés dans leurs couvertures végétales. Plus tard, les tentes ont cédé la place aux cases et à de petits *bungalows* nichés dans la nature. Avant que l'écologie ne devienne un vrai sujet, les villages de cases, appelés « villages au naturel », étaient la plus intelligente des manières de concilier préservation de la nature et développement touristique. Ils marqueront l'histoire du Club. Situés sur les plus beaux sites de la Méditerranée, à Corfou, Djerba, Al Hoceima, Cefalù ou Caprera, ils offrent à ceux qui y séjournent un luxe que toutes les richesses matérielles de ce monde ne peuvent égaler, celui de vivre au rythme de la nature, dans ces cases légères où chaque odeur, chaque chant d'oiseau reste perceptible dans la douceur des nuits étoilées. Et puis des villages se sont implantés à la campagne et à la montagne. Partout, un point d'honneur a été mis à éviter les grands complexes, comme ceux qui détériorent le paysage de la Côte d'Azur ou de la Riviera espagnole. On construit léger et à taille humaine. Le Club s'agrandit, mais architectes et paysagistes s'attachent à rester le plus proche possible de la nature et à la protéger. Le paysagisme est chaque fois pensé en fonction de la flore locale et, pour préserver l'eau, des stations de récupération et de traitement des eaux usées sont systématiquement installées. La majorité des projets sont réalisés par Lucien Cohen et Daniel Paterne, deux architectes qui ont bien compris l'esprit des villages du Club. Quant au responsable mondial de nos espaces verts, Roland Moroni, il n'hésite pas à entrer en conflit avec tout architecte ou promoteur qui planifierait d'abattre un arbre.

Peu à peu, la vie dans les villages, qu'elle soit à la montagne ou à la mer, évolue. Les infrastructures sont plus confortables et les baroudeurs des premiers temps laissent progressivement la place aux couples et aux familles. Les buffets du Club deviennent la nouvelle référence de la restauration de vacances. Les spectacles du soir se professionnalisent et, si les sketches les plus simples et les plus drôles des premières scènes de l'histoire du Club sont toujours à l'affiche, on reprend maintenant les spectacles de l'Alcazar de Jean-Marie Rivière et les comédies musicales qui font le succès de Broadway. On y découvre aussi quelques célébrités qui feront au Club leurs premières armes, comme Patrick Bruel, Canteloup, Marc Cerrone, Lagaf', Gérard Lenorman, Kad Merrah, Jean-Luc Reichman, Anne Roumanoff, ainsi que les regrettés Pascal Brunner, Eli Kakou, Alex Métayer et bien d'autres encore.

Pour équilibrer cette perpétuelle fête du corps, on développe des forums, des lieux de réflexion et de discussion, où des hommes de lettres comme Louis Pauwels ou Jean-Jacques Servan-Schreiber

Gilbert Trigano.

viennent s'entretenir avec les G.M. au sujet de la société et de son évolution. Le Club est devenu un phénomène de société, il ne laisse personne indifférent. On est formidablement pour ou outrageusement contre, mais l'on ne cesse de parler de lui.

Progressivement, Gilbert imprime sa marque, même s'il continuera sa vie durant de préserver les valeurs originelles du Club. Il passe ses semaines, de sept heures du matin à vingt et une heures dans ses bureaux, place de la Bourse, veillant à chaque détail de l'organisation, élaborant le développement du Club, verrouillant les comptes et motivant les équipes.

En 1966, emporté par le succès que rencontrent les premiers villages, Gilbert décide de louer l'*Ivan Franko*, un bateau appartenant à l'Union soviétique, et de lancer, avec sans doute un peu trop d'avance sur son temps, les premières croisières françaises. C'est une très belle aventure, mais le marché n'est visiblement pas encore prêt pour ce type de vacances : c'est l'échec commercial...

Quelques années plus tard, toujours passionné par le secteur des croisières, il essaie d'acquérir le paquebot France. Le sauver, le garder sous pavillon français, protéger ses marins et remplacer le personnel

L'étude de marché version Gilbert Trigano : « Si l'eau est bonne, je fais le village. »

hôtelier classique par les équipes de G.O. : l'idée est magnifique. Malheureusement, les syndicats refusent catégoriquement. Ils prétendent préférer la mort de la marine marchande française – à laquelle ils ne croient pas vraiment – à la fin de leur monopole d'embauche. De guerre lasse, Gilbert laisse tomber le projet. Pendant cinq ans, le paquebot restera au « quai de l'oubli », à l'abandon dans la zone industrielle du port du Havre. Il sera finalement racheté et continuera de faire rêver le monde entier pendant quelques décennies sous pavillon norvégien, avant de finir à la ferraille, en 2009, en Inde. Les croisières connaîtront un véritable succès planétaire, mais, elles seront norvégiennes, américaines ou italiennes. À l'exception de la belle aventure du Ponant, il faudra une quarantaine d'années pour que la France rattrape son retard sur ce marché.

Gilbert élabore les plans d'un futur village avec Daniel Paterne, architecte.

Mais, parce que Gilbert n'abandonne jamais, une des plus belles entreprises de diversification du Club sera le lancement des voiliers de croisière *Club Med I*, en 1988, et *Club Med II*, en 1992. Petits bijoux sortis des chantiers français et décorés par notre talentueux et regretté Alberto Pinto, ces paquebots à taille humaine compteront deux cents cabines. Les croisières du Club, entre Méditerranée et Caraïbes, connaîtront un succès international qui perdure encore aujourd'hui.

Pour le plus grand bonheur des G.M., Gilbert s'adonne à une incessante recherche des plus beaux sites du monde. Criques sauvages, plages désertes de sable blanc, îles enchanteresses... que l'on aime ou non la formule, chacun reconnaît que les villages du Club sont partout implantés dans les plus beaux paysages. Il passe la plupart de ses week-ends à visiter de nouveaux sites et à séduire chefs d'État et investisseurs locaux. Tout d'abord, il sélectionne les pays où il veut implanter les villages. Dans ces pays, il examine les régions bénéficiant d'un bon climat et de jolies plages. Il envoie ensuite Dudule, homme de légende du Club, faire l'inventaire de ces dernières. Enfin, à partir de cette analyse très précise, la méthode de Gilbert est des plus simples : il retrousse son pantalon, fait quelques pas, met les pieds dans l'eau et choisit la meilleure, sans jamais se tromper. S'il sent que le lieu pourrait convenir à ses futures vacances – qu'il ne prend d'ailleurs jamais –, il décide que ce sera un joli site pour le Club et entame la négociation. Il va ainsi toute sa vie prendre des risques en osant implanter le Club dans des lieux qui ne sont pas encore des références touristiques, mais qui le deviendront grâce à sa vision.

Lorsque David Ben Gourion, fondateur et Premier ministre de l'État d'Israël, décide de développer le tourisme dans son pays, il contacte Gilbert, partout considéré comme la référence de ce métier. Il a une idée précise : faire d'Eilat, située au sud d'Israël, au bord de la mer Rouge, tout près de la Jordanie, la principale station touristique du pays, et il voudrait que le Club y implante un village pour la lancer. Mais Gilbert, lui, découvre Arziv, à la pointe nord du pays, à quelques kilomètres de la frontière libanaise, au bord de la Méditerranée. Le site majestueux abrite les ruines d'une antique cité phénicienne, et il en est tombé amoureux.

Au cours d'un entretien à Jérusalem, Ben Gourion, pour que le Club s'implante à Eilat, est prêt à accorder à Gilbert toute une série de concessions économiques. Cependant, Gilbert n'en démord pas : ce sera d'abord Arziv. Pour lui, un rêve n'a pas de prix. Ben Gourion, un peu excédé, se tourne alors vers un G.O. israélien pour le prendre à témoin : « Mais vous êtes sûr que ce Trigano, il est bien juif ? C'est la première fois que je fais de telles concessions et que mon interlocuteur refuse mes cadeaux ! »

Il se révélera que Gilbert ne s'est pas trompé : le village d'Arziv deviendra immédiatement la destination privilégiée de la jeunesse de Tel-Aviv. Quelques années plus tard seulement, le Club réalisera le rêve de Ben Gourion en implantant à Eilat un nouveau village, où l'on ne sera pas obligé de manger kasher et qui deviendra le lieu de vacances de nombreux membres de la communauté.

Un défi d'envergure sera l'ouverture du village de Cancún, en 1975. Le gouvernement mexicain a décidé d'investir massivement dans cette région pour en faire la grande station touristique du pays. Or, le Club a déjà une belle réputation dans le pays grâce à sa clientèle américaine et le ministre du Tourisme, grand ami de Gilbert, souhaite qu'il soit le premier à s'y implanter. Gilbert est conscient du développement touristique sans précédent qui attend la plage de Cancún : aussi, s'il s'y implante, le Club risque de se retrouver très vite engoncé entre deux hôtels. Il s'emploie donc d'abord à parcourir la presqu'île de Cancún, longeant la côte à pied, en barque et à la nage, à la recherche du site idéal. Il tombera amoureux de plusieurs plages, jusqu'à découvrir la beauté tropicale rêvée : Punta Nizuc.

Avant de conclure le contrat avec le gouvernement, il demande à André Regad, son directeur général des opérations, de le rejoindre. Mais, alors qu'il l'emmène vers Punta Nizuc, un déluge d'une violence exceptionnelle s'abat sur la région. Lorsqu'ils y débarquent, la plage, hier paradisiaque, n'est plus qu'un vaste marécage, le paysage tient plus du chaos originel que du paradis caribéen. André s'inquiète de ce terrain impraticable, qui ne dispose d'absolument aucune infrastructure et qui semble si difficile à atteindre. Mais Gilbert est prêt. En signant un contrat avec les autorités mexicaines, il gagne leur confiance éternelle. Et Cancún, qui connaîtra un succès sans précédent, sera le premier d'une belle série de villages à travers le pays.

À Saint-Domingue, Gilbert découvre le site de Punta Cana. Charles Bludhorn, le patron du gigantesque conglomérat Gulf and Western, qui possède une partie de l'île, détient là quelques milliers d'hectares destinés à la culture de la canne à sucre. Gilbert négocie avec lui pour quelques centaines de milliers de dollars le rachat de plusieurs dizaines d'hectares. Le terrain n'est pas cher, mais il n'y a, sur ce site magnifique, aucun accès à l'eau ni à l'électricité, aucune route, rien : tout est à construire. Le gouvernement, intéressé par la possibilité de développer le tourisme dans cette partie de l'île, accorde au Club certaines exonérations qui lui permettront de réaliser les infrastructures nécessaires et promet même la construction d'un aéroport international. Las de voir cette promesse chaque année repoussée et de faire face aux plaintes répétées des G.M., c'est le Club qui prend finalement en charge sa construction, en devenant actionnaire à hauteur de cinquante pour cent. Cet aéroport international représente un investissement important, mais, avec le fulgurant démarrage de la station de Punta Cana, il génère très rapidement des résultats positifs, rapportant même, certaines années, davantage que le village. Au

Gilbert, accompagné de Charly Benillouz, au Caire pour la renégociation du contrat du Palais Manial en 1980.

lendemain de mon départ du Club, cette participation sera vendue à une relation de la famille Agnelli.

Au cours de l'inauguration du village d'Eleuthera, aux Bahamas, un promoteur immobilier propose à Gilbert de découvrir l'archipel de Turks and Caicos, où il a un terrain à vendre. Je suis assez réticent, car nous avons déjà pas mal de lits à remplir dans la région, mais le promoteur insiste, mettant son avion privé à notre disposition. Le site qui nous attend au nord de l'île de Providenciales est effectivement éblouissant : une plage immaculée, bordée d'une eau turquoise, limpide, à perte de vue. Les autorités locales tiennent absolument à ce que le Club s'y implante afin de lancer cette île encore totalement vierge dans le monde du tourisme. Gilbert ne peut refuser de les rencontrer. Il leur fait alors un de ses grands numéros, laissant entendre qu'il pourrait accepter de s'y implanter… sous certaines conditions. Il demande la création d'un aéroport international, une exonération de taxes pendant au moins dix ans et de frais de douanes pour les produits importés, des permis de travail pour les G.O.… La liste est longue. Il paraît évident que le ministre des Finances va nous mettre à la porte. Mais ces gens sont d'une politesse inouïe et l'entretien se termine cordialement. En sortant, Gilbert s'amuse de sa stratégie : avec de telles conditions, il y a peu de chances que le village voie le jour… Quelle n'est donc pas notre surprise lorsque l'on nous informe, un an plus tard, que l'aéroport est en construction et la convention signée ! Le Club achète le terrain pour une bouchée de pain. Depuis, l'île est devenue celle de toute la jet-set américaine. On n'y séjourne pas pour moins de mille dollars la nuit et les maisons alentour se vendent à quelques millions de dollars.

Une fois n'est pas coutume, mon père s'accorde enfin de vraies vacances au printemps 1971, sans avoir prévu de les jumeler à son habituelle prospection intensive de futurs sites pour le Club. Ma mère et moi nous réjouissons de le savoir à Vittel, qui n'est pas un site de bord de mer ni de montagne, mais une station sur le déclin où il y a peu de chances qu'il trouve autre chose que du repos.

Pourtant, à peine rentré, il nous brosse le tableau d'un lieu exceptionnel et nous vante l'intérêt et les bienfaits des vacances vertes. Il estime que le Club peut être le pionnier dans ce domaine et nous annonce qu'il a déjà entamé des négociations avec les propriétaires de la station ! Il aura vu juste : deux ans plus tard, le Club s'installera dans les palaces de Vittel, remis au goût du jour, et il trouvera là un succès qui ne se démentira pas pendant de très longues années.

Négocier, c'est dans ses gènes, il adore ça. Ainsi, à Saint-Moritz, dans les Alpes suisses, il use d'un peu de machiavélisme pour implanter le Club. Car Saint-Moritz, c'est le territoire de Niarchos, un milliardaire grec qui refuse catégoriquement une telle implantation, trop populaire à son goût pour répondre au standing de la jet-set mondiale. Pour détourner l'attention du milliardaire, Gilbert envoie une fausse équipe négocier la reprise d'un hôtel situé en cœur de ville. Pendant que Niarchos met toute son énergie à contrecarrer ce plan, une autre discute en parallèle le rachat d'un des palaces situés en bas de la ville. Niarchos n'y pourra rien : le Club s'implantera à Saint-Moritz.

Il aime visiter des sites vierges et des hôtels à reprendre. Il finit toujours par s'asseoir sur un coin de table avec le propriétaire pour discuter du prix, négocier à la baisse, tout en laissant à son interlocuteur suffisamment de marge pour que chacun y trouve son compte. Il obtient des tarifs d'autant plus intéressants qu'il boucle la plupart de ses affaires sur un bout de nappe en papier, évitant ainsi les centaines de pages de contrats et les faramineux honoraires des avocats d'aujourd'hui. Et puis, il a sa technique pour faire baisser les prix. Il attend qu'un montant soit fixé, demande sa commission personnelle, puis appelle Josie, dite Canaque, sa chef comptable, pour lui demander de soustraire ladite commission du prix d'achat. Cette mise en scène déclenche souvent la colère de son interlocuteur, qui, s'il aurait été heureux d'accorder une commission à Gilbert à titre personnel, n'est toutefois pas prêt à baisser ses prix au bénéfice du Club. Au bout de quelques années, Gilbert comprendra que ce stratagème est un peu éventé et s'ingéniera à expérimenter d'autres techniques.

Toutes ces négociations se terminent selon un rituel très codifié, place de la Bourse, au moment de la signature officielle du contrat. Trois scénarios se présentent alors. Le contrat est intéressant, sans plus : Gilbert offre le café et un verre de champagne. C'est un bon contrat : notre interlocuteur a droit à un déjeuner à la brasserie du Vaudeville, place de la Bourse. Le contrat est excellent pour le Club et en prime le ministre du Tourisme du pays concerné est présent : alors le dîner à lieu au restaurant étoilé du Palais royal, le Grand Véfour. Chez Gilbert, le contrôle des dépenses est une obsession.

S'il passera sa vie à négocier pour le Club, jamais il n'achètera ou, a fortiori, se fera offrir la moindre parcelle de terrain adjacent d'un futur village. Il lui aurait pourtant été facile d'en profiter pour assurer sa fortune personnelle, surtout lorsqu'on connaît la jolie plus-value de ces terrains aujourd'hui.

En 1970, le premier avion de ligne gros-porteur entre en service. Gilbert, convaincu que la France doit se positionner face à l'essor imminent du tourisme international, propose son aide à l'État pour mettre en place des installations permettant d'accueillir les importantes masses de touristes que le territoire s'apprête à recevoir. Plusieurs hôtels doivent voir le jour, dans la capitale mais aussi sur la côte d'Azur et en Bretagne. Un premier établissement est construit à Neuilly, près de Paris, puis un second, à Pompadour, en Corrèze, dédié à l'équitation. Mais, suite au choc pétrolier, le gouvernement renonce au développement du concept. L'hôtel de Neuilly fonctionnera gentiment, mais il n'aura pas sa place dans notre stratégie. Nous l'échangerons contre un hôtel en Floride appartenant à un investisseur américain rêvant de s'installer à Paris. En nous cédant cet établissement, c'est lui qui nous ouvrira les portes du territoire américain.

Et puis il convainc le président de la République mexicaine d'implanter de petits hôtels d'une quarantaine de chambres à Uxmal, Chichén Itzá et à Teotihuacan, en bordure des plus beaux sites archéologiques du Yucatán. Faisant du Club Méditerranée une entreprise toujours plus ouverte sur les cultures des pays qui l'accueillent, ces villas archéologiques concourront grandement au développement du Club en Amérique du Nord.

Ainsi, Gilbert continue à s'efforcer de maintenir le Club en mouvement, de trouver de nouveaux sites, de nouveaux marchés, d'en faire la première et peut-être la seule entreprise mondiale spécialisée

Gilbert Trigano (chemise blanche) et Gérard Blitz (à sa droite), fondateurs du Club Méditerranée, avec l'équipe de direction du Club dans les années 1960.

dans le tourisme. Il crée diverses filiales, comme Maeva qui propose une formule à la carte où l'on ne paie que ce que l'on consomme – filiale qui connaîtra un joli succès avant de finir dans les mains du groupe Pierre et Vacances, dirigé alors par son ami Gérard Bremond.

Il s'ingénie également à racheter tous ses concurrents, au fur et à mesure de leur apparition sur le marché. Les Villages magiques, Voir et connaître, Connaissance du monde, le Club Polynésie, le Club olympique : tous passent progressivement dans le giron du Club.

En 1970, ce dernier a retrouvé son équilibre financier, mais il reste modeste par sa taille. Cependant, cette année-là, il absorbe le Club européen du tourisme (CET), acte majeur qui le fait entrer dans le monde des grandes entreprises. Fondé en 1958 par François Huet et Marcel Lesur, avec l'appui de la banque Paribas, le CET a une stratégie simple : il visite les pays où le Club est déjà implanté et demande aux autorités locales de bénéficier des mêmes avantages, puis il s'installe à côté de nos villages, avec cette différence majeure qu'il propose un hébergement en *bungalows*. « Le CET, fini les villages de Papous », le slogan agace Gilbert… Il s'est déjà implanté près de Tanger au Maroc, en Espagne et en Turquie. Il vend ses séjours moins cher, bien qu'il ait des frais de gestion plus importants, car Paribas est là pour combler les déficits…

Cette concurrence absurde exaspère Gilbert qui tente de convaincre François Huet et ses actionnaires que l'union fait la force. Mais le président de Paribas, Jean Reyre, s'y refuse. En 1969, Jean Reyre cède sa place à Jacques de Fouchier. Ce dernier n'a pas pour le CET d'attachement particulier et il est rapidement séduit par la perspective de devenir actionnaire du Club Méditerranée, alors en plein essor. Ainsi, au début de l'année 1970, le Club peut enfin absorber ce concurrent. François Huet vendra assez rapidement ses actions et, tandis qu'il montera une entreprise de commercialisation de sapins de Noël qui connaîtra un véritable succès, le Club, lui, passera de trente à quarante-cinq villages et, se renforçant en même temps sur le créneau des villages en *bungalows* déjà très prisé, verra ses marges exploser et ses profits augmenter sans cesse au cours des années à venir.

En 1991, ce sera au tour du Club Aquarius d'entrer dans le giron du Club Méditerranée. Fondé en 1979 par Lotfi Belhassine, celui-ci consiste en une copie du Club : même esprit, même concept, mais trente pour cent moins cher. Son créateur, qui sait se développer intelligemment, orchestre chaque année une campagne publicitaire qui a elle aussi le don d'irriter profondément Gilbert. Face à l'incessant défilé d'autobus vantant « l'autre Club, moins cher » sous les fenêtres de nos bureaux, il finit par perdre patience. Seuls les rapports cordiaux qu'il entretient avec Lotfi le poussent à négocier avec lui. Il lui propose de racheter le Club Aquarius et de faire de lui le premier actionnaire privé du Club, membre du conseil d'administration. Lotfi accepte sans hésiter. C'est le début d'une collaboration amicale et constructive, car il nous prodiguera de précieux conseils et m'apportera également tout son soutien au moment du *clash*, quelques années plus tard.

Gilbert décidera de conserver la marque Aquarius et je mettrai en place une équipe spécialement en charge de gérer, commercialiser et développer ces villages – un peu à l'instar de ce qu'a fait Louis Schweitzer, le président de Renault, qui racheta Dacia et développa avec grand succès deux marques automobiles en parallèle. Cette stratégie commencera à porter ses fruits lorsque la nouvelle équipe du Club décidera de faire table rase et oubliera cette marque pour se concentrer sur sa montée en gamme.

En revanche, les tentatives de rapprochement avec Nouvelles Frontières et la Fram échouent, au grand détriment du premier, qui disparaît progressivement, comme du second, qui devra faire face à une série de crises dont il peine encore à se remettre. Créer un géant du tourisme français aurait sûrement été bénéfique pour tous, mais il est vrai que Gilbert n'entendait pas vraiment partager le pouvoir...

Alors que faire dans cette bataille d'egos ?

Dans les années 1980, fort de la position du Club comme premier client d'Air France, Gilbert envisage de conclure un accord de non-concurrence avec son président, Jacques Friedmann. Selon cet accord, Air France, qui a développé les clubs Eldorador, copies conformes sans grand intérêt des villages du Club, doit renoncer à développer ses projets touristiques. En contrepartie, le Club s'engage à s'adresser exclusivement, et au niveau mondial, à la compagnie nationale. Nous nous apprêtons à signer quand Bernard Attali est nommé pour succéder à Jacques Friedmann à la présidence d'Air France. Contrairement à ce que l'on pourrait alors croire ou espérer, cet ancien directeur financier du Club Méditerranée non seulement refuse de signer, mais décide, bien au contraire, d'accélérer le développement de l'activité touristique de sa compagnie, nous menaçant à terme de réduire nos approvisionnements en sièges. Ne pouvant prendre le risque de se trouver confronté à un tel blocage, Gilbert décide alors d'entrer dans le secteur aérien en reprenant une petite société, la compagnie Minerve. Celle-ci aura pour vocation d'assurer nos approvisionnements en sièges pour les charters et se développera sur quelques lignes domestiques, comme le Paris-Nice, où elle connaitra un grand succès. Mais ce n'est pas notre métier et l'expérience sera de courte durée. Nous retrouverons, heureusement, une relation apaisée avec Air France quelques années plus tard.

Grâce à ses talents de visionnaire et de négociateur, Gilbert s'impose alors comme un des dix grands patrons français qui font bouger les lignes, à l'instar de Jean-Luc Lagardère ou d'Antoine

Riboud. Au début des années 1980, le Club vit une période faste. Grâce à Jacques Giraud, le brillant directeur commercial du Club, et à l'agence Synergie, les magnifiques affiches de la mythique campagne de publicité « Aimer. », « Boire. » et « Manger. », envahissent chaque hiver les abribus de JCDecaux et font rêver la France entière. Tous les villages sont pleins, tant en hiver qu'en été, et des milliers de candidats postulent chaque année pour devenir G.O.

Gilbert a le sentiment que le concept est mûr pour satisfaire les clientèles du monde entier. L'idée du village de vacances dépasse les frontières et, pour peu qu'elle soit bien adaptée aux marchés locaux, peut réussir partout. Convaincu que le monde est merveilleusement bien fait, il s'apprête à faire entrer le Club dans l'histoire de la mondialisation.

Il existe, à l'époque, trois grands marchés mondiaux : les États-Unis, l'Europe et le Japon. Au sud de ces marchés s'étendent trois mers, plus belles les unes que les autres : la mer des Caraïbes, la mer Méditerranée et la mer de Chine. Et il y a, au bord de ces mers, des pays comme le Mexique, les Antilles françaises, le Maroc ou la Thaïlande, où les gens sont gentils et accueillants et où les coûts de fonctionnement sont très bas. Le Club s'est implanté dans ces pays et y apporte des devises, grâce aux vacanciers que le déploiement de ses équipes commerciales lui permet maintenant d'aller chercher au Japon ou aux États-Unis. Il y forme également les populations locales aux métiers du tourisme, et leur offre les perspectives de la promotion interne. Ainsi, très vite, à tous les postes de nos villages, de jeunes Marocains, Tunisiens, Mauriciens, Turcs ou Grecs comptent parmi nos meilleurs responsables.

Le *business model* est implacable, la réussite est assurée, et ce d'autant plus que Gilbert sait maintenir partout « l'esprit Club ». Il motive, au-delà de l'imaginable, des milliers de garçons et de filles, qui deviennent G.O. aux quatre coins de la planète – tous déclarés de façon officielle, rattachés au siège ou aux sociétés d'exploitation locale, selon les législations en cours. Dans plus d'une centaine de villages, à travers le monde, le Club respire la convivialité et se singularise par sa joie de vivre, qui partout vibre avec la même intensité. C'est ainsi qu'il se différencie de la concurrence et peut s'enorgueillir d'avoir toujours ce petit quart d'heure d'avance au sein de ce qui est en train de devenir l'industrie planétaire du tourisme.

« Je ne comprends pas, chez nous, les hôtesses et les stewards perdent progressivement leur sourire en vieillissant, alors que tes équipes sont toujours jeunes, belles et pleines d'énergie ! »

RASSEMBLER

Gilbert rassemble chaque année entre cinq cents et mille G.O. qui travaillent au Club de par le monde. Ces rendez-vous réguliers sont l'occasion pour lui d'écouter leurs attentes et aussi d'exprimer sa vision du Club, d'informer de son développement et de faire sentir à chacun l'importance du rôle qu'il peut y jouer. Doté du charisme des grands orateurs, il sait maintenir le feu sacré et ses interventions ne manquent jamais de fortifier un sentiment d'appartenance. Je crois que chacun d'entre nous, pas seulement moi, mais tous les autres, a en quelque sorte considéré Gilbert comme notre père, prêts à partir avec lui dans n'importe quel coin du monde pour réussir l'implantation du Club.

Le ministre du Tourisme mexicain, José Antonio Enriquez Savignac, évoquera un jour, lors d'un de ses discours, « *la raza del Club* », « la race du Club ». Le mot est très juste. En rapprochant des jeunes de tous les horizons et de toutes les religions, nous avons vu naître une sorte de race bien particulière, où musulmans et juifs, Serbes et Croates, Blancs et Blacks se mélangent avec grâce et bonheur, le temps d'une saison. Une race de nomades qui, tous les six mois, passent d'un village à un autre, recréant partout des équipes unies, soudées, porteuses des mêmes valeurs.

Un jour, Bob Crandal, patron d'American Airlines, la plus grande compagnie aérienne américaine, s'étonne auprès de Gilbert : « Je ne comprends pas, chez nous, les hôtesses et les stewards perdent

Ce Métier :
Etre G.O.
Apprendre à faire
naître un sourire
Découvrir la joie
de donner
Devenir un messager
de Bonheur
Et chaque jour,
un peu plus,
Croire en la Vie
en l'Autre
en Soi.

progressivement leur sourire en vieillissant, alors que tes équipes sont toujours jeunes, belles et pleines d'énergie ! »

Michel Eisner, patron emblématique de la *Walt Disney Company*, dîne en compagnie de Gilbert au moment du lancement d'Eurodisney. Il manque de tomber de sa chaise lorsqu'il apprend que les pourboires sont interdits au Club. Une telle qualité de service sans *tipping policy* est inconcevable à ses yeux.

Quant au patron de la TUI, numéro un du voyage en Europe, il a lancé le Club Robinson, une copie du Club Méditerranée, plus confortable et doté de meilleures installations. Il s'interroge pourtant : « Gilbert, je ne comprends pas, je te pique tes G.O., je leur double leur salaire, je les loge beaucoup mieux que chez toi, et chez moi ils s'ennuient et perdent de leur charisme alors que chez toi ils débordent de vitalité ! »

« Gilbert, je ne comprends pas, je te pique tes G.O., je leur double leur salaire, je les loge beaucoup mieux que chez toi, et chez moi ils s'ennuient et perdent de leur charisme alors que chez toi ils débordent de vitalité ! »

Oui, c'est vrai, les G.O. restent jeunes dans leur corps, ou en tout cas, dans leur cœur, tout au long de leur vie au Club. Oui, c'est vrai, les G.O. n'ont pas besoin de pourboire pour être à la disposition des G.M., leur apprendre un sport nouveau, servir à table ou monter un spectacle. Oui, c'est vrai, il y a une vraie fierté d'appartenance au Club qu'il est difficile de transposer ailleurs, quelles que soient les nouvelles conditions matérielles. Dans une société où, au moment de l'embauche, on discute plus souvent des conditions de retraite, des RTT ou des jours de congé, le monde du Club et de ses G.O. est totalement incompréhensible. Ils travaillent vingt heures par jour, sept jours sur sept, pour un salaire modique. Ils mélangent vie professionnelle et vie personnelle, logent sur place, mangent avec les G.M. Pourtant, à la fin de la saison, aucun ne veut quitter son village. En fait, ils ne travaillent pas, ils vivent une vocation : créateurs de bonheur.

Les G.O. sont la force et le succès du Club. Ils sont nés avec lui. Les premiers sont arrivés par hasard : ce sont des amis de Gérard ou des G.M. qui ont pris d'instinct ce rôle d'organiser gentiment l'accès au bonheur de toute la communauté. C'est l'après-guerre et beaucoup de jeunes sont en quête de repères. Parmi eux, certains rêvent d'aventure, de liberté, de rire, d'amour et de nature, ceux-là reconnaissent dans le Club la famille et la maison à laquelle ils souhaitent appartenir. Et puis, plus tard, le Club s'attache à recruter dans les pays où il s'implante, offrant partout, à des milliers de jeunes, une chance parfois unique d'apprendre un métier.

Par leur attachement, leur dévouement, leur gentillesse, leur spontanéité et leur bonne humeur, les G.O. distillent en permanence « l'esprit Club », détenteurs d'une recette qui ne leur préexiste pas. Le Club sera mille fois copié, on essaiera partout de réunir ce que l'on pense être les ingrédients du succès. Mais cette saveur unique restera impossible à reproduire. Je crois que cette réussite repose en fait tout simplement sur la confiance et sur l'amour. Recrutés à l'instinct parce que quelque chose émane d'eux qui laisse penser que ce métier est fait pour eux, les G.O. se voient accorder une confiance totale par ceux qui les dirigent. Ils peuvent alors s'épanouir et apprendre ainsi ce petit quelque chose qui fera leur différence et leur force lorsqu'ils quitteront le Club pour vivre des métiers plus classiques.

C'est aussi que Gilbert se distingue parmi les grands patrons de gauche. S'il est très vigilant sur les coûts fixes de l'entreprise, il fait preuve d'une réelle générosité et témoigne d'un esprit novateur quant au système de participation, estimant qu'il y a matière à répartition lorsque le Club gagne de l'argent. Lorsqu'il obtiendra d'Edmond de Rothschild, à une époque où les profits du Club sont presque nuls, une participation de quatre pour cent du montant total des futurs bénéfices du Club, il souhaitera très vite partager ce joli pactole, gardant un pour cent pour lui et accordant les trois autres aux G.O., répartis selon une grille sophistiquée, intelligente et très performante. Chaque G.O. aura alors à cœur, non seulement de satisfaire les G.M., mais, sachant qu'il bénéficiera à titre personnel des bons résultats du Club, de contribuer à en améliorer les performances.

RENCONTRER

Le développement du Club conduit souvent Gilbert à traiter avec les hautes sphères du pouvoir. Rois, ministres, chefs d'État : il semble savoir instinctivement inspirer confiance à ses interlocuteurs.

Un jour, nous recevons un appel du Vatican. Le pape Jean-Paul II veut rencontrer Gilbert. Un canular ? Non, après enquête, on se rend

Rencontre avec le pape. De gauche à droite : Simone, Gilbert, l'épouse d'Éric Sevenet (représentant du Club en Italie), Jean-Paul II, Gisela et son époux et Éric Sevenet à ma gauche. « Trigano, nous faisons le même métier » dira le pape avec humour.

compte que c'est sérieux. Le fait est qu'un de nos G.M. a le privilège d'exercer son métier de coach sportif auprès du pape. Il lui en a fait un tel éloge que ce dernier, curieux, a demandé à connaître l'homme qui dirige cette étonnante société. Après plusieurs mois d'un interminable protocole, nous avons enfin l'honneur d'être reçus en audience privée. Je nous revois, dans les salons du Vatican, accompagnés de nos épouses respectives, un peu empruntés dans nos beaux costumes, nous mettre en rang d'oignons, sourire pour la photo... Au pape qui lui demande alors d'expliquer son métier, Gilbert répond :

— Sa Sainteté, mon travail consiste à réunir des hommes et des femmes du monde entier pendant quelques jours dans les plus beaux endroits du monde pour leur apporter un peu de bonheur.

J'entends encore résonner la sainte réplique qui suivra :

— Mais alors, Trigano, nous faisons le même métier !

Avec le roi du Maroc, les relations ont commencé avant même qu'il n'accède au trône. Comme on l'a vu, Sa Majesté Hassan II est un véritable soutien politique pour le Club. Mais les rapports qui se sont tissés entre les deux hommes semblent aller bien au-delà de la courtoisie nécessaire à la poursuite d'intérêts communs.

Lorsque, en 1960, Hassan, encore prince héritier, est venu visiter le premier village du Club au Maroc, à Al Hoceima, il s'est étonné de la petitesse des lieux par rapport au vaste terrain concédé. Gilbert a évoqué alors les difficultés d'accès et les longues heures de route qui séparent le village de l'aéroport le plus proche, situé à Tanger. Sans hésiter, le futur roi s'est engagé à faire construire une piste d'atterrissage à proximité pour la saison suivante et Gilbert a entrepris des travaux pour doubler la taille du village. Promesse tenue des deux côtés, ce qui est assez rare. Lorsque le premier charter de G.M., Gilbert à son bord, s'est présenté aux abords de la piste d'atterrissage, la tour de contrôle a signalé l'arrivée simultanée de l'avion princier. Le prince a demandé que notre avion atterrisse le premier, à l'encontre du protocole qui voulait que nous lui cédions la place : c'est ainsi finalement le charter du Club qui a inauguré la piste.

En 1965, a lieu l'inauguration du village d'Agadir au Maroc. L'un des principaux opposants socialistes au roi Hassan II, Mehdi Ben Barka, vient d'être enlevé en plein Paris et c'est une période de tension entre la France et le Maroc. Gilbert, soucieux d'éviter l'incident diplomatique, obtient l'assurance du palais que le général Oufkir, impliqué dans cette affaire, ne sera pas présent à l'inauguration, comme il en avait émis le désir. Et pourtant, en plein discours, il reçoit un message : une Mercedes blanche vient d'arriver. Le général s'apprête à faire une entrée théâtrale parmi les ministres, journalistes et amis du Club regroupés pour cette joyeuse cérémonie. Gilbert devient livide, abandonne le micro, quitte l'assistance et va au-devant du général. Par un incroyable tour de force, il obtient son départ. Mais il s'est engagé, en contrepartie, à lui faire visiter le village dans la nuit. Le général revient à deux heures du matin et fait durer l'entretien jusqu'à l'aube. À cinq heures du matin, il entraîne Gilbert sur la base militaire d'Inezgane et lui propose un tour en avion… Ils survolent la côte marocaine, la ville d'Agadir, le Sahara. Le soleil se lève, le paysage est sublime, Gilbert est moyennement rassuré. Le général lui jure qu'il n'a absolument pas participé à cette macabre opération. Au sol, une voiture l'attend pour le ramener au village. Le Tout-Paris se pressera bientôt à Agadir et Gilbert gardera le secret de cette entrevue des années durant.

Et puis, en 1972, Hassan II est victime d'une tentative d'attentat et Oufkir, alors ministre de l'Intérieur, est dénoncé comme complice de cette tentative de coup d'État. Le soir même, il est retrouvé mort : un suicide, selon la version officielle. Dix-neuf ans plus tard, après autant d'années de détention, sa veuve Fatima, évadée de sa prison avec ses enfants, vient chercher refuge auprès du Club, au village de Yasmina, près de Tétouan. On appelle Gilbert à Paris : que faire ?

Gilbert, anxieux, appelle le palais et obtient, à sa grande stupéfaction, l'autorisation d'accueillir Fatima. Pendant quelques semaines, le Club retrouvera alors un peu de sa vocation première, offrant à cette femme, meurtrie par des années d'épreuves, un lieu où réapprendre la douceur de vivre.

Le terrain d'expérience qu'a trouvé le Club au Maroc grâce à Hassan II est exceptionnel à une époque où les dirigeants politiques sont encore hésitants à ouvrir leurs pays au tourisme. Les relations sont nettement plus difficiles avec les autorités algériennes.

Lorsque le Club reprend le CET, il fait l'acquisition d'un village de vacances à Tipasa, magnifique réalisation de l'architecte Fernand Pouillon. Le président Houari Boumediene ne tarde pas à demander à son ministre des Affaires étrangères, Abdelaziz Bouteflika, d'organiser une rencontre avec les dirigeants du Club. L'homme d'État ne conçoit pas qu'un exploitant étranger puisse se comporter en propriétaire et entend pouvoir disposer des lieux quand il le décide. Il souhaite pouvoir à tout instant réquisitionner le village pour y organiser des sommets politiques, des conférences ou ce que bon lui semble. La rencontre a lieu à Djerba, tard le soir. Gilbert explique qu'il n'est pas en mesure de faire partir ses vacanciers du jour au lendemain et insiste sur la nécessité d'être averti au moins trois semaines à l'avance pour les replacer dans d'autres villages. Mais Boumediene campe sur ses positions. Les négociations se poursuivent toute la nuit. À l'aube, le président algérien finit enfin par consentir quinze jours de délais. C'est court, mais Gilbert accepte et part se coucher, exténué. À peine parti, il est rattrapé par Bouteflika qui lui demande de revenir :

Boumediene a changé d'avis, il demande que place nette soit faite dans les quatre jours lorsqu'il entend recevoir ses invités. Dans une ambiance glaciale, Gilbert refuse :

— Monsieur le président, c'est tout simplement impossible, je ne sais pas faire ça.

— Vous avez tort, lui rétorque Boumediene.

— Peut-être, lui répond Gilbert, mais c'est ma façon de respecter mes clients. Dans ces conditions, nous allons nous retirer.

Consciencieux, Gilbert mettra un point d'honneur à rémunérer le personnel algérien jusqu'à la fin de la saison, n'acceptant pas l'idée que ces jeunes gens paient de leur salaire les conséquences de ce triste désaccord. Pour Boumediene, ce sera un terrible affront : Gilbert est parti en se donnant le beau rôle. Cela, il ne le lui pardonnera jamais.

En 1980, un nouveau village est en construction à Haïti. Le pays vit alors sous la dictature du jeune Jean-Claude Duvalier, dit Baby Doc, fils de Papa Doc, décédé une dizaine d'années auparavant. Face à cette situation qui lui pose un dilemme moral, Gilbert a longuement hésité à accepter la proposition d'implantation qui lui était faite. Mais la visite du pays, la gentillesse de ses habitants, la grande culture haïtienne et un climat magnifique toute l'année ont fini par le convaincre de son opportunité.

Le chantier est en cours et la visite de routine que nous prévoyons d'y faire doit être assortie d'une rencontre avec le jeune président. Lorsque nous arrivons au palais présidentiel, je ne m'attends pas à vivre la scène surréaliste qui va suivre.

Le président, visiblement heureux de nous recevoir, se lance dans un discours fleuve dont je ne comprends pas un traître mot. Même s'il s'exprime lentement, il me semble qu'un défaut de prononciation rende son propos tout à fait inaudible. Soudain, il s'adresse à moi et, de toute évidence, me questionne. Embarrassé, n'ayant rien saisi de ce qu'il vient de me dire, je me tourne vers Gilbert. Ce dernier, pourtant atteint d'une surdité avérée, me traduit sans hésiter les propos du président, qui demande à connaître les activités sportives du village. Je lui décris alors le programme, tout en cauchemardant à l'idée qu'il me questionne de nouveau. Il me relance malheureusement. Encore une fois, je me tourne vers Gilbert qui, toujours aussi sourd et pourtant toujours aussi serein, m'explique que le président m'interroge sur les soirées du village. Je réponds quelques mots et regarde Gilbert sans comprendre.

Inauguration du Club Med d'Ixtapa au Mexique avec le président de la République.

Ce n'est qu'ensuite que Gilbert m'expliquera. Bien évidemment, il n'a pu saisir, comme moi, que des bribes éparses, mais, habitué à vivre avec son défaut d'audition, il a procédé comme de coutume, improvisant à partir des propos qu'il croit raisonnable de prêter à son interlocuteur et lui donnant ainsi le sentiment d'être écouté. C'est pour moi une belle leçon de diplomatie : satisfait, le président nous a invités alors à prendre place dans sa voiture, entreprenant d'ailleurs de se livrer à un jeu puéril qui nous a laissés sans voix, devancer ses gardes du corps afin d'arriver le premier au village.

La situation politique de cette île magique ne cessera malheureusement de se détériorer au fil du temps. Je garde une immense sympathie pour son peuple chaleureux et pour ces G.O. haïtiens qui mettront tout leur cœur à protéger le village lorsque, la crise politique s'intensifiant, nous serons contraints de le fermer. De notre côté, nous nous attacherons à leur verser des revenus qui leur permettront de traverser une partie de cette période de troubles avant notre départ définitif.

En 1982, nous inaugurons le village d'Ixtapa. Les festivités ont commencé et nous attendons le président de la République du Mexique pour la cérémonie officielle qui doit avoir lieu dans moins de quarante-huit heures. Se présente alors à nous la ministre du Tourisme, jeune femme d'une grande beauté – dont la rumeur court qu'elle ne laisserait pas le président indifférent. Considérant que les succès du Club devraient bénéficier davantage à l'État, elle vient de proposer au président de procéder à la nationalisation de ses villages et elle est venue nous présenter le protocole d'accord qui devra être signé lors de l'inauguration. Protocole inacceptable selon lequel le Club conserverait le pouvoir de choisir ses chefs de village et de gérer ses installations... pour le compte de l'État mexicain.

Commencent alors vingt-quatre heures de négociations ininterrompues, au cours desquelles cette jeune femme, aussi autoritaire que séduisante, menace d'annuler l'arrivée du président et d'expulser tous les G.O. non mexicains de nos différents villages. Entre, d'un côté, les mondanités de la fête qui bat son plein et, de l'autre, la rudesse des négociations, Gilbert s'épuise. Heureusement, grâce aux conseils de ses nombreux amis mexicains – banquiers, hommes politiques et autres amoureux du Club –, il parvient, au bout d'une nuit blanche, à écrire une nouvelle version de l'accord qui, subtilement vidé de sa portée coercitive, devrait permettre au Club de poursuivre librement ses activités jusqu'au prochain mandat présidentiel. Il le présente, sans trop y croire, à la ministre, qui l'accepte *in extremis* quelques minutes seulement avant l'arrivée du président et le début de la cérémonie. L'inauguration sera belle, l'accord signé devant le président, les officiels et tous les médias nationaux.

Quelques mois plus tard, le nouveau ministre du Tourisme du président nouvellement élu considérera comme nuls tous les accords signés par le précédent gouvernement et contribuera grandement à l'extension du Club dans ce magnifique pays.

S'implanter quelque part n'est pas toujours une évidence. Il faut parfois savoir dire non. Que faire sous la pression de certains dirigeants qui, dénués de tout scrupule, entendent s'octroyer une partie de notre futur chiffre d'affaires et conditionnent la signature des protocoles d'accord à celle de contrats secrets ? Face à la corruption érigée en système, Gilbert n'a qu'une réponse : non. Non au Gabon et non aux Philippines de cette époque. Non à bien des propositions.

Que faire lorsque les droits de l'homme sont mis en cause ? Faut-il accepter de s'implanter dans un pays qui vit sous un régime de dictature ? Ces questions sont sérieuses et nous nous les poserons maintes fois. Malheureusement, le seul pays irréprochable à mes yeux étant la Suisse – où l'on compte d'ailleurs une bonne dizaine d'anciens palaces reconvertis en villages du Club, mais dont les plages ne sont pas encore reconnues comme réellement digne d'intérêt –, il faut bien composer avec les défaillances de l'existant. Alors, plutôt que de donner des leçons de démocratie aux pays qui nous accueillent, nous choisirons de tisser sur place des réseaux intelligents et bienveillants d'hommes et de femmes partageant nos valeurs, de créer des milliers d'emplois et de former les futurs cadres du Club ou les futurs entrepreneurs de ces pays.

VIVRE HORS DU CLUB

Gilbert, nous l'avons vu, vouait pendant la guerre une certaine affection au Parti communiste. Il admirait la générosité et la vaillance de ses militants et les a rejoints dans la Résistance, sensible à la distinction que ceux-ci opéraient entre Allemands et nazis. Mais, plus communisant que communiste et déçu par certains agissements du Parti, il n'y adhérera jamais – ce qui n'empêchera pas la méfiance obstinée de certains grands patrons, persuadés de reconnaître en lui une taupe du Parti infiltrée dans le grand patronat. Il ne renoncera pas pour autant à jouer son rôle en politique et, tout au long de sa vie, sera animé d'un grand intérêt pour la chose publique, s'y consacrant pleinement lorsqu'il prendra sa retraite du Club.

Durant sa carrière, il lui est proposé à plusieurs reprises de devenir ministre du Tourisme. Il est tenté, mais ma mère sait l'en dissuader. Ses arguments sont convaincants : un ministre ne gagne pas assez et puis il a beaucoup plus de pouvoir en tant que président du Club. Toutefois, parce qu'il a toujours un peu de temps libre entre quatre et sept heures du matin et parce qu'il est passionné par tout ce qui touche la vie des gens, il apporte son soutien à quelques missions d'action sociale.

François Mitterrand remet la Légion d'honneur à Gilbert Trigano à l'Élysée, 24 juin 1987.

Ainsi, en 1982, il aide Gaston Defferre, alors ministre de l'Intérieur, dans la mise en place du dispositif « anti-été chaud », destiné à réduire la délinquance dans les banlieues de Lyon et de Marseille. Au côté des quelques CRS affectés par le ministère en guise d'animateurs, il mobilise une partie de ses G.O. et crée, dans le petit village de Saint-Jean-le-Centenier en Ardèche, un camp de vacances pour trois cent quarante jeunes. Pendant un mois, ces derniers, qui d'habitude sont livrés à eux-mêmes tout l'été, peuvent jouer au foot, travailler dans les champs, s'initier à l'informatique, à la vidéo ou pratiquer les arts du cirque. Et, pour que cela ne soit pas qu'un éclat médiatique, une poudre lancée aux yeux du grand public pendant qu'ils retournent à leur désœuvrement quotidien une fois l'été passé, Gilbert prend la vice-présidence de quatre associations créées à Marseille, Villeurbanne, La Courneuve et Clermont-Ferrand pour offrir aux jeunes des quartiers défavorisés la possibilité de se former au métier d'animateur.

En 1983, François Mitterrand demande à Gilbert d'étudier la possibilité d'organiser l'Exposition universelle de 1989 à Paris. La décision a été prise par le Bureau international des expositions d'en confier provisoirement l'organisation à la France : sur le thème « Les chemins de la liberté, projet pour le troisième millénaire », on s'apprête à célébrer le bicentenaire de la Révolution française et le centenaire de l'Exposition de 1889. Pendant trois mois, Gilbert remodèle mentalement la ville, il travaille avec les plus grands architectes à un projet de grande envergure s'harmonisant autour de la Seine. Ce projet, d'une très grande qualité, ambitionne d'offrir à la France une entrée triomphale dans le siècle nouveau, tout en prenant en compte l'inflation dans des calculs complexes. Mais, face à l'opposition de Jacques Chirac, alors maire de Paris, Gilbert, la mort dans l'âme, finira par recommander au président d'abandonner cette idée, ce qu'il fera.

L'année suivante, Laurent Fabius, devenu Premier ministre, lui confie le poste de « délégué du Premier ministre chargé des nouvelles formations ». Convaincu que l'ordinateur permettra une plus grande équité dans l'accès des jeunes à la formation, il prend en charge, entre autres missions, celle d'introduire la micro-informatique dans les écoles. En 1985, 100 000 micro-ordinateurs sont installés dans les établissements publics, de l'université à l'école primaire, les enseignants sont formés, des ateliers d'initiation sont conçus pour les

Dessin paru dans *Le Figaro* et offert par Jacques Faizant à Gilbert.

élèves. Un plan qui coûtera deux milliards de francs et qui conduira Gilbert à comprendre combien le pouvoir des ministères en France est contraint par le ministère des Finances. Sa mission prendra fin avec le retour de la droite au pouvoir et il fera le constat amer d'une Éducation nationale sclérosée, de réformes insuffisantes qui ne permettent pas d'offrir une réelle égalité des chances à la jeunesse. Lui qui n'a pas pu faire d'études rêve du chèque de formation qui pourrait être attribué demain à chaque enfant afin qu'il puisse construire son avenir professionnel et réussir sa vie.

En 1992, Gilbert sera nommé président de Maison de la France, une émanation de l'État français pour promouvoir la destination française à l'étranger. Avec Jean-Marc Janaillac, le directeur général, ils parcourront le monde. Gilbert nous expliquera qu'après avoir passé sa vie à faire sortir les français de France il avait une dette et devait maintenant se consacrer à faire venir des étrangers en France.

Et puis il a cette vision, malheureusement tout à fait utopique, d'un Israël et d'une Palestine en paix, qui ne le quittera jamais et pour laquelle il œuvrera jusqu'à la fin de sa vie. Pour aider à la coopération entre les peuples, il a l'idée, en 1994, pendant la conférence de Casablanca, de créer l'Université du tourisme et de la culture pour la paix. Il est convaincu que la formation professionnelle peut et doit viser à faire des acteurs des métiers du tourisme des artisans de paix. Il parvient à convaincre Shimon Peres et Yasser Arafat de rendre possible ce projet qu'il considère comme le meilleur antidote au terrorisme. Avec le soutien de la Commission européenne et de l'Unesco, des universités ouvrent tout autour de la Méditerranée, en France, en Israël et au Maroc. Les cours sont dispensés aux étudiants par visioconférence et la télévision interactive permet de mettre en relation les enseignants et les élèves des différents campus. Gilbert y enseigne la sociologie du tourisme.

Le gouvernement israélien ne montre cependant aucune souplesse sur la question des colonies. Gilbert fait preuve d'une admirable volonté en s'opposant à lui et en œuvrant à ouvrir les négociations. Mais ni ses liens d'amitié avec certains membres du gouvernement ni les rapports privilégiés qu'il entretient avec Leïla Shahid, représentante de l'OLP[7] dans divers pays et déléguée de la Palestine en France, ne suffiront. Le projet de l'Université de la Paix sera abandonné.

Gilbert a peu de loisirs. Ses vraies passions sont sa famille et le Club. Il en a pourtant une autre, la littérature. Il passe chaque jour plusieurs heures à lire : du théâtre, des romans, mais surtout des poèmes qu'il peut réciter par cœur. Il lit plusieurs livres en même temps et en choisit, pour chaque heure et chaque humeur de la journée, un en particulier. À son bureau, dans l'avion, ils l'accompagnent partout, jusque dans son lit, car il ne sait pas s'endormir ni se réveiller sans lire. Il varie les formats pour adapter ses lectures aux contraintes de son environnement et ne lit pas les mêmes livres en toutes circonstances.

Ce sont pour lui des voyages comme les voyages sont complémentaires des livres. Mais si tous deux offrent l'évasion, le rêve et le bonheur, l'avantage du livre est que chacun peut y trouver son bonheur à son heure. Alors, au Club, il essaie de faire aussi bien en mettant à la disposition de chacun tout ce qui sera susceptible de faire son bonheur à toute heure du jour ou de la nuit.

7. *Organisation de libération de la Palestine.*

En 1988, il publie une anthologie dédiée aux *Plus beaux poèmes du voyage*[8]. Il y réunit cent trente-cinq auteurs, originaires de vingt-huit pays différents. La sélection est complexe et les contraintes éditoriales l'obligent à faire des choix douloureux. Certains peinent à croire qu'il en est bien l'auteur : comment un homme d'affaires, de surcroît si occupé, trouverait-il le temps de goûter à la poésie ?

La même année, il est l'invité d'honneur de Bernard Pivot pour un joli numéro d'*Apostrophes* où il a le loisir de parler des auteurs qu'il aime et de la place primordiale qu'occupe la littérature dans sa vie depuis l'enfance. Car c'est auprès des poètes, Charles Baudelaire en tête, qu'il a développé son immense soif de connaître le monde.

Bernard Pivot conclut l'émission par une question ardue dont la réponse prend un joli sens à l'heure où j'écris ce livre :

— Quelle est, selon vous, la plus belle invention après le bonheur : le livre ou le Club Méditerranée ?

— Le livre, répondra Gilbert, parce qu'il est éternel. Et, peut-être un peu derrière, le Club, parce qu'il durera longtemps.

8. Les Plus Beaux Poèmes du voyage, *Le Cherche-Midi éditeur, 1988.*

LE DÉFI DE LA SUCCESSION

NOUS SOMMES EN 1961, J'AI 15 ANS. De retour à Paris après un de nos traditionnels week-ends dans la maison familiale de Chantilly, Gilbert vient de garer la voiture devant chez nous, boulevard de Denain, face à la gare du Nord. Soudain, lui qui ne me fait jamais aucune remarque, me reproche d'être fainéant et de ne pas étudier suffisamment. Il me traite de cossard. Ce mot, encore aujourd'hui, résonne dans ma tête. S'il est vrai que je ne suis pas un élève assidu, le jugement est sévère et inattendu. Son sermon dure peut-être moins d'une minute, mais il est un tel choc pour moi qu'il déclenche une véritable prise de conscience. Armé d'une ferme volonté de réussir, je me mets alors à travailler d'arrache-pied pour tenter de faire oublier à mon père mes médiocres résultats scolaires. Six décennies ont passé et ce moment reste intact dans ma mémoire. Gilbert, assurément, a réussi son coup.

DEVENIR G.O.

Adolescent timide et peu sûr de soi : les souvenirs de mes vacances passées au Club n'ont rien de très joyeux. Je me sens gauche à côté des G.O., ces jeunes hommes sportifs et pleins d'assurance. Pourtant le Club me fascine... autant qu'il me fait peur. Alors, en 1963, année où j'entre à la faculté d'Assas pour étudier les sciences économiques, je décide de me jeter à l'eau et, comme des centaines d'autres étudiants, de postuler comme G.O. pour l'été suivant. Je suis recruté – sans grandes difficultés, je le reconnais – et j'y passe dès lors toutes mes vacances universitaires. Je suis G.O. trois saisons durant.

La première consiste pour moi en une véritable découverte du Club. Je suis nommé responsable planning à Caprera, en Sardaigne. C'est une mission de réceptionniste et je suis sous les ordres du très charismatique René Hallemans, ancien « affreux », membre des commandos belges en Afrique, reconverti en très gentil chef de village. Il est entouré d'une incroyable équipe, qui ne cesse pas une seconde de faire la fête et d'enchaîner les gags, tout en s'occupant très attentivement des G.M. Ces joyeux lurons passent leur temps à rire et à jouer, embarquant les G.M. dans des aventures délirantes, tandis que moi, pauvre novice, vivant les affres d'une époque où l'informatique n'existe pas encore, je peine à gérer mes centaines de petites fiches en carton.

En apparence, mon travail est pourtant simple. Chaque case dispose de deux ou trois lits et je dois y affecter soit un couple, soit trois hommes ou trois femmes. J'ai des fiches bleues pour les hommes, des fiches roses pour les femmes, six cents cases et environ un millier de lits. Tant que le village n'est qu'à moitié rempli, mes erreurs se corrigent d'elles-mêmes. Mais arrive le 15 août et son traditionnel *surbooking*. La moindre erreur devient alors fatale. Le 14 août, je suis totalement perdu. Je ne sais plus quelle case est occupée ni qui loge où. Je passe des heures à recenser chacune d'elles. Heureusement, Daniel, un copain de fac recruté lui aussi pour la saison, me prête main-forte. Les G.M. sont un peu étonnés – quoique, à la vérité, dans le Club de cette époque, rien n'étonne jamais personne. Au final, vers minuit, j'arrive à loger tout le monde en donnant ma case au dernier arrivant. Fils du patron ou non, René pourrait me renvoyer. Il a la gentillesse de me garder et, ce faisant, me donne une jolie leçon de tolérance dont je saurai me souvenir à l'avenir.

C'est pendant cet incroyable été, au contact de cette équipe à la fois si folle et si bienveillante, que commence ma véritable histoire d'amour avec le Club. À la fin de la saison, ma décision est prise : ma vie, ce sera le Club. Gilbert me fait goûter avec tendresse aux joies de cette maison en me racontant ses rencontres et en me proposant de l'accompagner de temps en temps dans les bureaux de la place de la Bourse. Cette boîte me fascine, elle touche à tout, à l'architecture, au bien-être des gens, au sport, à la culture et, surtout, je la rejoins dans sa grande ambition d'apporter un peu de bonheur de par le monde.

Pour ma seconde saison, je suis G.O. trafic à Corfou. J'accueille les G.M. au port ou à l'aéroport, j'assure leur transfert au village, et j'organise le trajet inverse à la fin de leur séjour. Le job est sans grand intérêt, mais le site est magique et j'en tombe amoureux. Et puis les arrivées et les départs n'ont lieu qu'une fois par semaine, ce qui me laisse beaucoup de temps libre pour observer le fonctionnement du village. À l'époque, c'est le plus grand du Club et aussi le plus prisé. Il est dirigé par une femme appelée la Duchesse, un autre personnage haut en couleur de ces années épiques. Je l'observe à l'ouvrage en me demandant si je serai moi-même un jour à la hauteur pour devenir chef de village.

Je termine ma brillante carrière de G.O. à Sveti Marko, une petite île située au Monténégro, en ex-Yougoslavie. J'y suis caissier. Ce job n'est pas un cadeau. Je ne rencontre les G.M. qu'au moment de leur arrivée, lorsqu'ils déposent leurs biens au coffre – les cases n'ayant pas de clefs – et au moment du départ, quand ils doivent régler leurs dépenses. Grâce à la formule du tout compris, ils n'ont pratiquement pas de frais, sinon les fameux colliers-bar, moyen indolore de débourser quelque menue monnaie pour leurs consommations. Mais au moment du départ, nombreux sont les G.M. à contester le nombre de colliers-bar qui figurent sur leur compte et il me faut chaque fois prendre le temps de retrouver les factures, ce qui suscite immanquablement quelque énervement.

Cette saison aura tout de même ses moments de bonheur, grâce à Gilbert Héron, ancien chauffeur de la RATP reconverti en chef de village. Ce conteur de talent transforme nos déjeuners quotidiens en petits spectacles privilégiés. Tout le monde se presse pour manger et rire à sa table. Bienveillant et passionné, il incarne pour nous, G.O., l'idéal que nous aimerions tant atteindre. Grâce à lui et à son équipe hors norme et à la confiance qu'ils m'accordent, je me sens de plus en plus à ma place au Club, mon désir d'y poursuivre ma carrière s'affermit, et surtout, je me sens prêt à l'annoncer à Gilbert.

Pendant ces trois saisons, j'ai compris la folie et le génie du Club, la vie des villages, les attentes des G.M. et le formidable travail des G.O. Le Club, c'est tout à la fois : beaucoup d'amour, de gentillesse... mille choses à faire ! Ma licence de sciences économiques en poche, je peux maintenant postuler pour être chef de village. Mon cœur bat toujours pour Corfou, je demande à y être affecté.

À cette époque, tous les chefs de village sont des sportifs, des grandes gueules, des musiciens... Suis-je fait pour ce métier, moi qui ne suis rien de tout cela ? A priori, je n'ai ni la carrure ni le bagou de ces types qui incarnent leur rôle avec tant de naturel et de talent.

Effectivement, les débuts sont loin d'être évidents. Quelques jours après l'ouverture de la saison, obéissant à la tradition, je passe entre les tables pour m'enquérir des besoins des G.M. Nerveux, gauche, je tourne un peu dans le restaurant avant d'oser lancer mon premier : « Bon appétit. Vous allez bien ? » La réponse jaillit, acide : « Mais qu'est-ce que ça peut te foutre ? » C'est bien parti...

Gilbert et ma mère nous rendent visite pendant notre première saison à Corfou.

Comme cela m'a été recommandé, j'entreprends aussi de participer aux activités sportives pour gagner en popularité. Le responsable de l'animation du village me lance alors un défi : sauter au tremplin du ski nautique. De loin, cela ressemble à un jeu de potaches entre bons camarades, mais ce qu'il me propose, en réalité, c'est de nous mesurer pour déterminer qui aura le pouvoir. Mon adversaire est grand, fort, adoré par tout le village... Il passe le premier, sûr de lui. Pourtant, devant le tremplin, qui effectivement donne l'effroyable impression d'un mur infranchissable au moment où on lui fait face, il recule. Il préfère abandonner. C'est à moi d'y aller. Tout le village est sur la plage, les G.O. m'observent : le moment est déterminant car je sais que cette épreuve est essentielle pour asseoir ma réputation auprès de l'équipe. L'angoisse culmine face à l'obstacle, mais je me lance. Les applaudissements retentissent, je suis passé ! Mais je ne le ferai jamais une deuxième fois !

J'aurai un peu moins de succès avec le rugby, mais ça fait partie du job. Je participe à une de ces rencontres amicales opposant des équipes de différentes nations européennes. Je me retrouve ainsi, par une belle après-midi du mois d'août, face à une équipe d'armoires à glace irlandaises, avec une seule idée en tête : lâcher le plus vite possible le ballon s'il m'arrive par malheur de l'avoir en main. Après seulement quelques minutes de jeu, je le reçois, mais je ne suis pas assez rapide pour m'en débarrasser et trois Irlandais me tombent dessus au moment où je m'apprête à effectuer la passe. Un épouvantable bruit se fait entendre : ma cheville vient de se fracturer en plusieurs morceaux.

Déguisé (à gauche) lors des soirées d'animation du Club. Marrakech, 1971.

Je ne suis sans doute pas du tout fait pour la carrière que j'ambitionne, mais, même si ma motivation est mise à rude épreuve, il n'est pas question pour moi d'abandonner : je finirai la saison en fauteuil roulant.

Malgré ces mésaventures, ces quelques années de chef de village figurent parmi mes meilleurs souvenirs. J'y aurai fait la connaissance d'hommes et de femmes qui demeurent, encore aujourd'hui, des amis.

En 1971, j'ai le privilège d'ouvrir le nouveau village de Marrakech, petit bijou d'architecture, situé en plein de cœur de la place Jemaa el-Fna. Cette ville, aussi calme que magnifique, ne compte alors que très peu d'hôtels, la plupart fermés durant l'été. L'arrivée du Club sera un grand bouleversement, ce nouveau village devenant très vite le lieu

Inauguration du Club Méditerranée d'Assinie, en Côte d'Ivoire, avec le président Houphouët-Boigny, 1972. À droite sur la photo, je suis alors chef de village.

de prédilection des mannequins d'Yves Saint Laurent, des artistes branchés et autres marginaux de la *jet-set*. Notre projet suscite une vive réprobation de la part des autorités religieuses, scandalisées à l'idée de voir un hôtel s'installer à quelques mètres de la mosquée de la Koutoubia, mais nous bénéficions, encore une fois, du soutien enthousiaste de Sa Majesté Hassan II.

Un an plus tard, j'ouvre le premier village d'Afrique, à Assinie, sur la lagune, à quelques kilomètres d'Abidjan. J'y découvre une population locale d'une gentillesse, d'une disponibilité et d'un talent rarement égalés.

Ouvrir un village, c'est avoir l'entière responsabilité de recruter et de former le personnel, organiser l'inauguration et surtout donner le

Porto Petro, aux Baléares, durant l'été 1973. Lors la conférence d'accueil, le chef de village explique aux G.M. le mode de fonctionnement.

ton d'une première saison qui sera déterminante pour toute la durée de vie du village. Ce sont là mes premières consécrations, car c'est une marque de confiance d'être choisi pour une telle mission.

En 1973, Gilbert décide de partager l'entreprise en quatre grandes régions. Des responsables sont nommés pour chacune d'elles afin d'assurer une meilleure gestion des villages en étant plus proches du terrain. Charly Benillouz, Shalom Hassan, Jean-Robert Reznik et moi-même sommes choisis, et je me retrouve en charge du secteur que je connais le mieux, celui du Maroc, de l'Afrique et de l'Espagne.

Avec mon équipe, je le parcours pour m'assurer que les prestations sont de qualité et que les relations avec les autorités locales sont harmonieuses. Je prépare également les futurs investissements et m'attache tout particulièrement à répondre aux attentes des adhérents en termes d'infrastructures. Nous installerons ainsi, à quelques kilomètres du village d'Agadir, un complexe d'une vingtaine de courts de tennis et un golf de vingt-sept trous, qui seront très prisés, surtout pendant la saison hivernale.

Au cours de mes nombreux voyages, j'apprends à découvrir et à aimer immensément le Maroc. Je séjourne très régulièrement dans les villages du Club, car il est important pour moi de comprendre quels sont les besoins du personnel et des G.M. Je développerai d'ailleurs une relation affective très forte avec les équipes sur place, qui nous resteront fidèles, même après notre départ du Club.

Trois ans plus tard, Gilbert entreprend une nouvelle révision de l'organisation du Club. Il souhaite finalement supprimer les quatre secteurs d'opérations et m'en confier l'entière responsabilité.

Directeur des opérations mondiales, me voilà chargé de la gestion de l'ensemble des villages. Mon souci sera d'améliorer le plus possible la qualité de nos prestations sans perdre l'esprit Club des origines. Le challenge est difficile, car si les G.M. demandent de plus en plus de confort et sont plus exigeants sur le service, ils sont également nostalgiques de l'esprit un peu fou et aventureux des premiers temps. Je décide donc de reprendre en main la formation des G.O. et des chefs de villages.

Jusqu'à présent, ils se forment sur le tas, gravissant peu à peu les échelons au sein des villages. Embauchés comme moniteurs de sport ou comme animateurs, ils deviennent chefs de village au bout de quelques saisons. Mais, durant ces années de forte croissance, le rythme s'est accéléré : le Club ouvre entre cinq et six villages par an partout dans le monde, c'est trop rapide, et il faut s'adapter à de nouvelles demandes. Je décide donc de créer, au village de Pompadour, en Corrèze, l'Université du Club. Centre de formation mondial, des jeunes du monde entier viennent chaque hiver y parfaire leur formation aux différents métiers qu'ils exercent. À chaque nouvelle session, je viens les rencontrer, leur expliquer ma vision du Club, ce que l'on attend d'eux, mais aussi en quoi le Club peut leur permettre d'être mieux à même d'aborder leur futur.

Les formateurs ont été minutieusement choisis parmi les meilleures recrues du Club et les plus brillants professionnels de l'extérieur.

Ainsi, Gaston Lenôtre, qui forme les pâtissiers, donne un souffle nouveau à notre restauration. Grâce à nos chefs, qui savent adapter le savoir-faire du maître aux dimensions du Club, fini la traditionnelle omelette norvégienne ! Nos tables gagnent définitivement en qualité.

Auprès des G.O. en charge de l'animation du Club, c'est Coluche qui intervient. Au cours d'un discours éblouissant d'intelligence, il explique la difficulté d'organiser chaque semaine sept spectacles différents et gratuits, mais il sait surtout transmettre son enthousiasme au travail. Il en laisse plus d'un sans voix et le cœur rempli d'émotion.

Pour maintenir le feu sacré, Gilbert a pris l'habitude de réunir chaque année les chefs de village pour un séminaire. C'est un moment privilégié pour évoquer leurs attentes et les évolutions du Club. Je poursuis cette tradition, toujours à la recherche des mots justes et d'intervenants qui leur permettent de prendre conscience du rôle vital qu'ils incarnent dans la vie de leur tribu.

Une intervention marquera beaucoup les esprits : celle de Jacques Attali. Lors d'un séminaire à Pompadour, il déclinera l'alphabet, accolant à chaque lettre un nom et un événement. C'est une vision plutôt pessimiste du monde qu'il nous dresse, entre risques de guerre, de tensions religieuses ou raciales ou de propagation de graves maladies. Gilbert reprendra la parole pour dire avec justesse et émotion combien ce monde-là aura plus que jamais besoin de bonheur et à quel point le Club apparaît alors essentiel et incontournable. Un grand nombre des prédictions de Jacques se révéleront hélas bien réelles.

De ces interventions précieuses, je retiens également celle d'Honoré Bonnet, qui me marquera tout particulièrement et influencera grandement mes décisions futures. Ancien directeur de la grande équipe de France de ski alpin, il nous livre son analyse des conséquences désastreuses du scandale qui a frappé la Fédération française de ski dans les années 1970. Certains brillants skieurs ont été mis à la porte pour avoir accepté d'associer leur nom à des marques et d'apparaître sur des publicités. La Fédération a non seulement sacrifié ses meilleurs éléments, mais aussi privé ses juniors de leurs modèles, et il faudra quinze ans pour réparer les conséquences désastreuses de cette décision managériale. À mes yeux, cette anecdote souligne tout l'intérêt pour les jeunes de pouvoir suivre les traces des anciens durant leur apprentissage. Je me fais alors la promesse de toujours m'attacher à évoluer sans casser avec le passé et surtout sans jamais cesser de respecter nos prédécesseurs.

Je mets aussi un point d'honneur à professionnaliser la formation des chefs de village. Pas question pour moi de les recruter à l'extérieur.

Il faut dénicher les talents en interne et leur proposer un parcours qui les prépare au mieux au travail qui sera le leur. Ainsi, chaque saison, une quinzaine de garçons et de filles sont sélectionnés. Ils passent l'hiver loin de leur village cocon pour découvrir l'envers du métier dans les bureaux du siège ou faire des stages d'expression corporelle. Je les envoie même à l'Université de Berkeley, en Californie, où ils découvrent la sociologie des pratiques de loisirs, les philosophies du bien-être et les aspirations de nos contemporains en termes de modes de vie. À la fin de l'hiver, une cérémonie a lieu pour nommer les nouveaux chefs de village. Ils se voient alors attribuer le village où ils débuteront, puis, moment de bonheur inoubliable, montent dans le bureau de Gilbert, qui aime prendre le temps d'adresser à chacun des mots uniques d'encouragement et de félicitations.

Afin de garder intacte leur motivation et de préserver leur fidélité, je m'efforce également de favoriser leur promotion et leur réserve, autant que possible, les postes qui s'ouvrent au fur et à mesure de notre développement. Ainsi, de nombreux chefs de village deviendront directeurs de pays, un peu partout dans le monde, ou responsables produits au siège.

Je commettrai toutefois une grave erreur de casting en nommant l'un d'eux DRH du groupe. Je ferai beaucoup d'autres erreurs de choix, mais celle-là m'est encore reprochée, vingt ans plus tard. Je dois bien reconnaître que, bien qu'ayant été un excellent chef de village, cet homme se montrera, contre toute attente, le pire des DRH que j'aurais pu imaginer.

SÉDUIRE LE MONDE

Chaque année, au moment des discussions budgétaires, revient le sujet du vieillissement des villages. Tandis que je me bats pour obtenir les fonds nécessaires pour les améliorer et mettre aux normes les infrastructures, Gilbert, de son côté, préfère investir sur de nouveaux projets. Sa stratégie : affecter aux villages les plus vétustes nos meilleurs chefs de village qui font, grâce à leur talent, oublier une climatisation défectueuse ou une literie fatiguée. Le pire, c'est qu'il a raison !

Au début des années 1980, comme on l'a vu, le Club est au meilleur de sa forme. C'est devenu une entreprise florissante, dont la renommée s'étend à travers le monde. Mais c'est l'époque où Gilbert veut aller plus loin et entend faire du Club une entreprise mondiale. Il décide que la stratégie, les finances et les ressources humaines resteront au siège, mais que les questions commerciales et opérationnelles seront progressivement confiées aux directeurs de quatre nouvelles grandes régions qui seront créées : Europe, Amérique du Nord, Asie et Amérique du Sud.

Pour servir ces nouvelles ambitions, je suis nommé président du Club en Amérique du Nord, affecté au bureau de New York, où je pars m'installer avec ma famille. Reagan vient d'être élu et l'Amérique s'apprête à connaître un développement économique et un foisonnement artistique inimaginables. Ouvrant grand les portes aux migrants du monde entier, elle bouge plus que jamais. Je vais y vivre cinq années palpitantes, qui resteront, avec mes saisons de chef de village, parmi mes plus beaux souvenirs.

Le Club connaît déjà un joli succès aux États-Unis. L'origine de sa notoriété remonte au début des années 1960, lorsqu'un jeune homme, que l'on aurait dit un peu perdu dans nos bureaux parisiens, a demandé à être invité, en qualité de journaliste, pour passer quelques jours dans nos villages. À cette époque, nous n'avions pas d'attaché de presse. On l'a traité du bout des lèvres et il s'est vu accorder, avec une grande générosité, une semaine à Corfou. Il y est resté un mois, est venu une deuxième fois, a gagné un deuxième voyage... et a disparu semble-t-il à jamais. C'était alors American Express, formidable réseau d'agences de voyages, qui commercialisait les quelques rares *bookings* que le Club réalisait aux États-Unis. Et puis, en février 1964, le patron d'American Express a appelé Gilbert – en pleine nuit ! – pour lui annoncer qu'il avait en mains le prochain numéro de *Life* Magazine – à l'époque le plus grand magazine de la presse mondiale – qui devait paraître le lendemain : il contenait un dossier de dix pages sur le Club. Le fameux pauvre journaliste errant dans les couloirs de la Bourse était en réalité un des plus brillants membres de l'équipe de *Life*. Tombé tout à fait amoureux du Club, il venait de faire sur lui un reportage incroyable. Du jour au lendemain, toute l'Amérique s'est mise à rêver de vivre des vacances à la française.

Club Méditerranée des Boucaniers, village iconique pour le marché américain, Martinique.

Pour répondre à cette demande soudaine, on a acheté un hôtel en Guadeloupe et la

Séminaire des chefs de village, Vienne, 1988.

construction du village des Boucaniers a commencé en Martinique. C'est ainsi qu'a démarré le succès américain.

Mais, rapidement, le Club s'est fait la réputation sulfureuse d'un lieu réservé aux *swinging single* – c'est-à-dire aux célibataires en mal d'aventures amoureuses – ou, pour le dire crûment, d'un club très porté sur le sexe. Cette réputation n'est pas idéale, car les Américains deviennent de plus en plus puritains, et ma mission consiste, entre autres, à changer cette image. J'entreprends donc un voyage à travers tout le pays afin d'expliquer le véritable concept à toutes les agences de voyages.

Le mythe des *Bronzés* se révèle difficile à supplanter car les journalistes sont beaucoup plus amusés par le côté sexe du Club que par sa conformité à des mœurs bien-pensantes. Il y aura quelques bavures, encore quelques articles vantant la liberté des mœurs, mais, à force de patience, le regard du public américain finira par changer. La création des villages familiaux – avec mini-club pour les enfants et baby-club pour les plus petits – y sera pour beaucoup.

En cinq ans, le Club double de taille et devient le premier organisateur de voyages non américain des États-Unis. Toute l'Amérique parle du « Club Med ». C'est ainsi que l'on y raccourcit son nom, tant sans doute par commodité de langage que par affection. Au point que, considéré comme le véritable antidote de la civilisation, il se met à représenter pour certains une véritable menace – comme en témoignent les mémoires de Michael Eisner, le fameux patron de la Walt Disney Company. Suite au joli succès du Club aux États-Unis, je reçois plusieurs offres de rachat de notre société américaine : Michael

La famille Trigano à l'ouverture du Club Méditerranée de Cancún. Au second plan, de gauche à droite : Gisela et moi, Simone, Gilbert. Au premier plan, nos enfants, Benjamin et Jérémie, en compagnie de leur cousin Julien.

Eisner montrera son intérêt, mais aussi le président d'une grande société de casinos implantés à Las Vegas, ou encore le patron d'une des plus grandes sociétés alimentaires, le roi du ketchup Heintz. Tous sont fascinés par notre succès. J'en suis flatté. Mais l'engouement se dissipe, il faut bien le reconnaître, dès que j'explique au potentiel acheteur que la société américaine est une filiale de la maison mère et que c'est plutôt vers elle qu'il faut se tourner s'ils veulent acheter quelque chose.

Un jour, nous sommes contactés par Barron Hilton, le patron de la chaîne hôtelière du même nom. Il a l'intention de racheter l'Hôtel Waikaloha, situé à Hawaï, incroyable *resort* de plusieurs centaines de chambres, équipé de trois piscines, plusieurs restaurants et salles de spectacle. L'hôtel est bradé par ses propriétaires et Hilton y voit une formidable opportunité, mais il ne se sent pas capable de réussir un tel défi seul. Bluffé par le succès du Club aux États-Unis, il propose que nous nous associions. Il a pour lui le réseau commercial et la maîtrise de la gestion hôtelière ; de son côté, le Club a un savoir-faire unique et bénéficie d'une excellente image. L'hôtel est mis en vente pour moins de quatre-vingts millions de dollars et Hilton est prêt à l'acheter à cinquante-cinquante avec nous. Gilbert et moi sommes d'accord. Le Club a la capacité d'emprunt pour réaliser cet investissement et celui-ci ferait de nous le leader incontesté du monde des *resorts* aux États-Unis. Hélas, le représentant du Crédit lyonnais, un de nos principaux actionnaires, trop prudent et peu visionnaire, opposera son véto à cette acquisition. Hilton réalisera seul cet investissement et nous regretterons longtemps d'avoir vu nous échapper cette incroyable affaire, dont la valeur fera plus que doubler en trois ans.

En 1984, Gilbert décide de faire coter l'affaire américaine sur le New York stock-exchange. La banque Lehman Brothers est retenue et il me faut alors entreprendre un *roadshow* auprès des investisseurs afin de les convaincre de la qualité de notre *business model* et faire céder d'éventuelles réticences. Je parcours le pays : Boston, Chicago, Philadelphie, San Francisco, Los Angeles... Les investisseurs sont convaincus assez rapidement de notre potentiel. Et puis on se retrouve, pour la cérémonie de clôture, dans les salons de l'Hôtel Pierre, à New York, devant la fine fleur de la finance américaine. À la dernière minute, Gilbert s'installe incognito au premier rang. La pression est grande, mais je garde mon sang-froid et parviens à répondre avec précision à chacune des questions posées par les analystes financiers. L'entrée du Club à la Bourse américaine sera une réussite. Il y aura trois fois plus de demandes que le nombre de titres mis sur le marché. Une aventure qui me marquera à tout jamais.

Tandis que je suis nommé à New York, Gilbert propose à Shalom Hassan de s'installer au Brésil afin d'accélérer le développement du Club dans cette partie du monde. On s'associe avec Walter Moreira Salles, un grand banquier de São Paulo, qui très vite deviendra un bon ami de Gilbert. Le Club ouvre d'abord un très joli petit village sur l'île d'Itaparica, sur le littoral de l'État de Bahia, qui sera très vite adopté par la clientèle brésilienne. Puis naîtra le village de Rio das Pedras,

Inauguration du Club Méditerranée de Rio das Pedras avec Pelé, Shalom Hassan et sa femme Maya.

qui sera décoré par Gisela, mon épouse, et une équipe de décorateurs locaux. Malgré une pluviosité plus grande que la moyenne, son succès sera instantané. Sa joie de vivre, son élégance, son sens de la fête entretenu par les G.O. en feront le lieu de rassemblement de la bourgeoisie pauliste, qui commencera également à fréquenter nos villages de montagne situés en Suisse ou en France.

Depuis de longues années, Gilbert croit, envers et contre tous, au développement du Club sur le marché japonais. Mais, dans ce pays où partir en vacances est considéré comme un crime contre la société, nos frais généraux dépassent de beaucoup notre chiffre d'affaires. Pourtant Gilbert y croit. Un rédacteur en chef de la chaîne de télévision NHK, fasciné par l'homme qui incarne pour lui la civilisation des loisirs, ne manque pas une occasion de l'inviter sur le plateau de son émission. Chaque année, Gilbert se rend donc à Tokyo pour vanter les bienfaits des vacances, non seulement aux hommes et aux femmes, mais aussi à l'entreprise, puisque l'on en revient reposé et plus performant. Mais ce beau discours tombe un peu dans le vide… Jusqu'au jour où le gouvernement japonais fait une déclaration incitant les Japonais à partir en vacances. C'est un coup de tonnerre. Les journalistes de NHK, qui organisent une table ronde sur le sujet, demandent à Gilbert de venir incessamment à Tokyo. Son numéro sera encore plus brillant que d'habitude. Submergés d'appels, nous devrons créer des villages rapidement pour répondre à la demande. Le premier est construit à Cherating, en Malaisie, petit chef-d'œuvre d'architecture réalisé entièrement en bois, d'autres suivent à Phuket en Thaïlande et à Bali, en Indonésie.

À la conquête du Japon. Rendez-vous avec M. Tsutsumi, signature du contrat du premier Club Méditerranée au Japon.

Gilbert envoie alors Jean-Robert Reznik pour s'occuper du marché. Ce dernier a l'intelligence d'adapter le Club aux goûts et traditions de la clientèle nippone, en proposant notamment des séjours courts qui correspondent mieux à leur mode de vie. Une alliance est créée avec le Groupe de Seiji Tsutsumi, qui financera notre premier village de montagne, sur le site de Sahoro, sur l'île d'Hokkaïdō, au nord du Japon. Un autre partenariat se fera avec la compagnie Nippon Life, la plus grande compagnie d'assurance du monde, avec qui nous ouvrirons notre premier village balnéaire. En quelques années, grâce au travail des équipes et de Jean-Robert, le Club devient le premier opérateur de vacances étranger au Japon.

Couverture du *Nouvel Économiste* de juillet 1987.

Charly Benillouz, le quatrième de la bande, reste à Paris, en charge de l'Europe et des ressources humaines. C'est celui d'entre nous qui représente le mieux les valeurs du Club. Adoré de tous, il remporte l'adhésion unanime des G.O. Il a pour lourde tâche de constituer les équipes et de faire des affectations équilibrées entre les différents villages du Club. Il s'en acquitte avec talent et justesse. Il nous quittera hélas bien trop tôt, suite à une maladie certainement mal diagnostiquée, laissant un vide que personne ne saura combler.

En 1985, Gilbert me demande de rejoindre le siège. J'aimerais rester vivre aux États-Unis et, pour la première et unique fois de ma vie, j'hésite à suivre ses directives. Mais la force du Club est plus grande. Je rentre à Paris en septembre et suis nommé directeur général adjoint.

Ma première directive est alors de relancer le Club en Europe, où la prédominance de la clientèle française est trop forte. Cette européanisation est pour moi un véritable challenge. Il faut faire face à une concurrence accrue. Des villages de vacances ont vu le jour un peu partout en Europe, notamment en Italie, avec la Valtur, et en Allemagne, où le Club Robinson, émanation de la TUI, connaît un fort développement. Ils ont l'avantage de proposer des tarifs plus attractifs et surtout d'avoir un personnel qui parle la langue de leur clientèle. Leurs villages sont plus confortables que les nôtres, leur nourriture est correcte, mais ce ne sont que de pâles copies du Club et il y manque indéniablement une certaine joie de vivre que seuls nos G.O. savent apporter. Il me semble que nous pourrions assez facilement reprendre le *leadership* et les parts de marchés perdues.

Nous lançons alors le projet des villages européens. Nous entamons une campagne de recrutement de G.O., principalement allemands, italiens et hollandais, que nous répartissons dans une petite sélection de dix-sept villages dont le confort nous semble plus compatible avec les attentes de la clientèle européenne. Nous repensons la restauration pour nous adapter aux spécificités multiculturelles. Et puis, la télévision étant devenue enfin accessible à des sociétés comme le Club, j'en profite pour remettre le budget publicitaire du Club en compétition. C'est l'agence Euro RSCG, dirigée à l'époque par Alain Cayzac, qui l'emporte après une bataille féroce. Les équipes de Jacques Séguéla produiront alors de superbes campagnes, dont certains films réalisés par Jean-Paul Goude, et, progressivement, nous rendrons notre communication européenne. Grâce à cette stratégie, la clientèle allemande, exigeante en termes de confort, fuira volontiers l'organisation un peu trop germanique de nos concurrents locaux pour vivre la fête à la française. Nous passerons d'une trentaine de milliers de G.M. allemands à cent mille en moins de cinq ans. Il en va de même sur la plupart des autres marchés européens et cela permettra d'améliorer nettement les résultats des villages. Ainsi, au début des années 1990, le Club Méditerranée s'est affirmé comme la seule entreprise vraiment mondiale dans le monde du tourisme. La clientèle française, toujours en croissance, ne représente plus qu'un tiers des effectifs de nos G.M. Jeunes New-Yorkais un peu délurés, Brésiliens en quête de fête, Japonais en voyage de noces, ils viennent de tous les horizons et c'est ce formidable brassage des cultures, ce foisonnement international, qui longtemps fera la richesse du Club.

Le Club Méditerranée, qui aurait pu rester, à l'image de ses débuts, un club franco-belge pour célibataires en manque de rencontres et de fête, a su évoluer avec son époque et avec ses G.M. Une des cinq grandes firmes de conseil américaines l'évoque comme l'une des dix entreprises les mieux gérées dans le monde. Le duo que je forme avec Gilbert, lui président et moi directeur général, fonctionne à merveille. Il fixe la politique et la stratégie tandis que je gère l'entreprise au quotidien. Les actionnaires sont aux anges et les G.O. gonflés à bloc. L'avenir s'annonce radieux. Pourtant, c'est à ce moment que deux événements vont brutalement venir tout bouleverser.

Le 2 août 1990, Saddam Hussein envahit le Koweït, dans l'espoir de mettre la main sur les richesses de ce petit pays. Quelques mois plus tard, la première guerre du Golfe éclate, lorsque les États-Unis et une coalition de pays arabes attaquent à leur tour les armées irakiennes. Cette guerre provoque une terrible récession, qui aura de graves répercussions durant de longues années, notamment sur le monde du tourisme. Quelques semaines après cette invasion, je présente au conseil d'administration toute une série de mesures tendant à en diminuer l'impact. À ma grande surprise, je recevrai à la fin de cette intervention un tonnerre d'applaudissements et de félicitations de la part de nos administrateurs, les mêmes qui, quelques années plus tard, n'hésiteront pas à m'évincer.

Le deuxième événement sera le drame du Cap Skirring.

La sécurité de ses équipes et de ses G.M. a toujours été une priorité pour Gilbert. Il l'a prouvé à maintes reprises.

Ainsi, en mai 1967, parce qu'il a sûrement reçu des informations de ses amis israéliens, il pressent que la guerre peut éclater entre Israël et les pays arabes. Il décide donc de se rendre sur place et de fermer les villages, tant en Israël qu'en Égypte, au grand désespoir des G.M. qui, isolés dans leur cocon, sont loin d'imaginer le drame qui couve. Malgré leurs plaintes, il insiste et fait rapatrier tout le monde : la sécurité avant tout. La guerre éclate quelques semaines plus tard.

Aussi le drame qui endeuille le Club en 1992 lui sera d'autant plus douloureux qu'il en sera tenu responsable aux yeux de la justice.

Le 9 février 1992, après quarante-deux années de succès et d'insouciance, l'avion qui transporte les G.M. de Dakar au Cap Skirring s'écrase. Notre bonheur est stoppé net. Créé dix-neuf ans auparavant, le village de Cap Skirring est alors l'un des plus appréciés. Pour y accéder, il faut prendre un avion depuis Dakar. Nous sommes sous contrat avec Air Sénégal. La compagnie nationale a le monopole des droits sur cette ligne, nous interdisant *de facto* de faire appel à une autre compagnie, et cela fait dix-neuf ans que leurs avions emmènent nos G.M. au village. Ce jour-là, suite à une erreur de pilotage, l'avion s'écrase à quelques kilomètres du village. Gilbert est à Paris. À peine apprend-il la nouvelle qu'il décide de se rendre sur place. Il fait affréter un avion sanitaire et sauve ainsi quelques vies humaines. Malheureusement, certains ne pourront pas être sauvés. La polémique démarre : on nous accuse d'avoir privilégié la recherche du profit au détriment de nos clients. Un procès a lieu, huit ans plus tard. La probité de Gilbert est sévèrement mise en cause par l'avocat des parties civiles, Maître Lombard. Nous sommes tous deux condamnés à une peine de prison avec sursis.

Gilbert ne s'en remettra jamais vraiment. Lui qui a toujours mis le bonheur et la sécurité de ses G.M. et de ses G.O. au-dessus de tout sera désormais incapable d'exercer son métier avec le bonheur qui l'animait autrefois. Il décidera, quelques mois plus tard, de quitter la présidence du Club pour me la confier et restera, sa vie durant, marqué par ce drame, qui, je le crois, précipitera sa disparition.

PRENDRE LA RELÈVE

La peine est trop grande, trop vive. Après l'accident, Gilbert n'a de toute évidence plus goût à diriger. Le 26 septembre 1993, le conseil d'administration du Club entérine sa décision. Entre les violences en Casamance, la guerre civile en Yougoslavie et les mouvements kurdes en Turquie, l'année 1993 est difficile et marquée par des pertes significatives : on me félicite mollement, et on me fait comprendre que je devrai faire mes preuves rapidement.

Je m'efforce alors de professionnaliser encore plus notre société et de répondre à sa nécessaire modernisation. Je décide notamment d'accorder plus d'importance au marketing afin de mieux prendre en compte les nouvelles attentes de nos clients. Et puis j'ai appris, en Amérique, l'importance des différents comités qui permettent

Avec mes deux fils.

d'encadrer l'action du président. À ce titre, je mets donc en place, à côté du conseil d'administration, divers comités : un comité de stratégie, un comité de rémunération et un comité d'audit – ce qui me reviendra comme un boomerang au visage en 1997. Je poursuis également le développement du Club. Il reste deux gros marchés à conquérir. Alors, après une visite rocambolesque du gouverneur de la province d'Hainan au village d'Opio, j'entame les discussions pour la reprise de la résidence d'été de Mao Zedong sur cette île tropicale du sud de la Chine et je débute les négociations pour l'implantation du Club en Inde.

C'est alors que je suis contacté par Ruy Brandolini, neveu de Gianni Agnelli et représentant en France des intérêts d'Exor, la *holding*

Séminaire d'Agadir à l'automne 1994 : Merci Gilbert ! La passation de pouvoir entre Gilbert et moi.

familiale des Agnelli. Estimant qu'elle ne doit pas être concentrée uniquement sur la Fiat, la famille souhaite augmenter sa participation dans le capital du Club. Gilbert y est favorable. Il a aidé Gianni Agnelli, il y a quelques années, alors que ce dernier rencontrait des difficultés dans ses affaires en France. Il a fait marcher tous ses réseaux pour l'aider à traverser cette passe délicate vis-à-vis de l'*establishement* français. Il m'explique que ce ne sera pas un actionnaire facile, mais que jamais il ne nous fera de coup tordu.

En coulisses, les choses se sont accélérées. Dominique Bazy, patron de l'UAP, qui s'était engagé à ne pas vendre ses actions du Club sans m'en parler, s'est empressé de les céder à Exor. Heureusement, les

Gilbert devant les 1 200 G.O. des Club Méditerranée du monde entier.

événements de l'année 1994 semblent enfin tourner en notre faveur. La neige a favorisé les ventes dans nos villages de montagne, le franc CFA s'est dévalué dans l'hiver, nous permettant de relancer nos ventes au Sénégal et en Côte-d'Ivoire. Les résultats de l'été sont très bons, les équipes sont remotivées. Les cœurs sont en fête. Le temps est venu de célébrer ma nomination et surtout de remercier Gilbert, de lui témoigner notre affection et notre reconnaissance, de lui exprimer enfin ce que nous avons éprouvé au moment de son départ.

Je décide d'organiser les festivités à l'automne, dans mon village fétiche, Agadir. Sont conviées toutes les forces vives du Club : les G.O., les chefs de village, les responsables de tous les pays, les membres du conseil d'administration, les amis du Club et anciens G.O. ainsi que quelques journalistes. Le carton d'invitation indique tout simplement « Merci Gilbert », puisque c'est là le thème de cette rencontre.

Un grand chapiteau est dressé sur la plage d'Agadir. Le folklore marocain bat son plein et l'ambiance est festive, bien que légèrement empreinte de nostalgie, car nous sommes tous affectés par le recul que Gilbert a pris avec le Club.

C'est dimanche, il est dix-sept heures. La pression est lourde sur mes épaules et je suis dans un état de tension maximale : mon complice de toujours, Jean-Jacques Lennel, G.O. spécialiste des montages audiovisuels, s'est chargé du diaporama qui accompagnera mon discours et lorsque nous avons répété la veille, je cherchais mes mots, les images n'arrivaient pas... Il me semble que nous courons au désastre.

Gilbert est au premier rang, à côté de nos administrateurs et des journalistes. André Azoulay, le conseiller de Sa Majesté Hassan II, prend la parole. Il est venu porter le message de remerciement que le roi souhaite adresser à Gilbert pour le rôle important qu'il a joué dans le développement touristique du pays. La pression monte encore, je souhaiterais disparaître, ne pas avoir à prendre la parole. Mais il a terminé son discours, ses mots ont ému tout le monde, c'est bientôt à moi.

Une série de petits films publicitaires détournés, préparés par les équipes de Publicis, décontractent l'atmosphère. On y voit notamment un détournement de la pub pour la Renault Clio où, en lieu et place du cheikh arabe léguant son royaume à son fils, on retrouve Gilbert me confiant le Club, prêt néanmoins à tout reprendre en main si je n'étais pas à la hauteur. Le public rit de bon cœur. Moi aussi.

PORTFOLIO CLUB MEDITERRANÉE

2e ANNÉE. — No 9. MENSUEL MARS 1952.

LE TRIDENT

BULLETIN DU **CLUB MÉDITERRANÉE,** 8, Rue de la Bourse, PARIS-2e - RIC. 47-13

SOMMAIRE

Notre Village en Grèce à l'île de CORFOU...

En Italie : Baratti avec... ... village annexe á CAPRI !...

Nous avons visé haut : Corfou et la Grèce !...

Ce programme semblait inaccessible et personne n'osait l'espérer : l'éloignement et, par là-même, le prix devaient le mettre hors de notre portée.

Dotés de l'expérience acquise les années precédentes, nous voulions cependant à tout prix préparer pour cette saison un programme sortant de l'ordinaire. C'est pourquoi nous nous sommes, malgré tout, attelés au problème « Grèce ».

L'élément essentiel qui a permis la mise sur pied définitive de ce programme extraordinaire est l'amabilité de l'accueil qui nous a été réservé par les autorités et la population grecque et particulièrement corfiote et l'aide efficace qui nous fut toujours apportee spontanément.

Cet accueil, d'une courtoisie, d'une gentillesse et d'une simplicité exquises, nous a confirmé dans nos intentions et a tout de suite créé l'atmosphère de collaboration, et nous oserions même déjà dire d'amitié nécessaire pour la mise sur pied d'un programme aussi vaste.

Vous lirez, d'autre part, dans ce bulletin, les détails d'une organisation que nous avons voulue raisonnable. Nous avons pu, grâce à des contrats de transport avantageux, mettre Corfou et la Grèce à la portée de chacun: la participation au village pour 23 jours de Paris à Paris est, forfaitairement, de 27.800 francs.

L'aimable, l'harmonieuse et très gracieuse île de Corfou avec ses habitants accueillants, gentils et gais, représente pour nous exactement ce que nous désirions trouver pour notre village 1952: ambiance très méditerranéenne permettant un repos complet et une détente absolue de l'esprit.

Les sports méditerranéens seront à l'honneur. Vous lirez, d'autre part, les impressions, favorables pour la chasse sous-marine, de Marcel Contal retour de Corfou. Quant au ski nautique, il fonctionnera pratiquement toute la journée, le plan d'eau étant très abrité.

A part les quelques petites excursions que nous ferons à Corfou même, nos adhérents pourront, s'ils le désirent, visiter la Grèce continentale en participant à un circuit de 5 jours. Nous verrons Ithaque, Olympie, Epidaure, Athènes et Delphes.

Robert Baudin, quant à lui, a trouvé à Corfou les éléments nécessaires à l'installation d'un village confortable.

Et grand programme en Italie !...

Corfou ne nous a pas empêché de faire un effort considérable en Italie, où nous présentons un programme très important. L'expérience réussie de l'année dernière nous a vivement encouragés à apporter, en plus des éléments favorables existants, des améliorations de tout premier ordre.

La grande innovation est, qu'outre notre très beau village au bord de la plage de Golfo di Baratti, en Toscane, nous avons mis sur pied

Un home du Club à Capri

où nos excursionnistes se rendant à Rome, Naples et Pompéï pourront séjourner 2 jours.

Outre l'aimable ambiance du village de Baratti, son programme de sports méditerranéens, avec, en vedette, le ski nautique, ses distractions et ses joyeuses soirées, nos adhérents y trouveront le magnifique programme d'excursions de l'année dernière, davantage mis au point avec Sienne, Florence, Volterra, San Géminiano, Rome..., et, de plus, probablement Padoue et Venise !

Nous maintenons notre petit village polynésien de l'île d'Elbe qui a fait le bonheur de nos « Barattiens » de l'année dernière.

En Italie aussi, nous avons porté tous nos efforts à mettre le programme à la portée de chacun : la quote-part pour 15 jours de Paris à Paris est de 18.600 francs.

Notre village olympique à Helsinki

Ce village, annoncé il y a deux mois, est, comme vous le savez, au complet.

Nous serons donc en même temps à Olympie en Grèce, berceau des Jeux Olympiques, et à Helsinki.

Symbole d'un programme 1952 de grande qualité.

LE COMITE du C. M.

La charmante Ile d'Ulysse devant les côtes de Corfou.

Priorité d'Inscription

Comme annoncé précédemment, les Membres du Club disposent, à partir de ce moment, d'une priorité d'inscription d'un mois, pour eux et les amis qu'ils voudront parrainer.

Il n'est cependant pas possible de garantir l'acceptation de ces inscriptions durant le mois de priorité, certaines dates pouvant, par le seul apport des inscriptions des anciens et de leurs amis, être très rapidement au complet.

Couverture du *Trident* de l'été 1952 annonçant l'ouverture du village de Corfou.

Village emblématique de Corfou qui lancera définitivement le Club dans les années 1950.

Village de cases de Al Hoceima, Maroc, 1963.

Accueil des nouveaux arrivants au Club Med de Corfou.

Village de Baratti, deuxième village du Club, en 1951.

Village de Djerba en Tunisie, années 1950.
Village de Caprera en Sardaigne, paradis de la voile, en 1964.
Village de Cadaqués en Espagne pour les amoureux de la plongée, avec Salvador Dalí comme voisin, années 1960.

Cérémonie de départ par l'équipe G.O., Caprera, années '60.
Accueil de G.M. à Tahiti par Gérard Roussel et son équipe, années 1960.
G.O. en uniforme à Tahiti.

Couverture du *Trident*, été 1961, sur le thème « Sortez de votre coquille », ma préférée.

Le NOUVEAU TriDENT

PROGRAMME D'ÉTÉ 1963

La grande tradition de la photo des équipes de G.O.

Le bateau de croisière du Club Med (*le Club Med 2*).

Ça y est, c'est mon tour. Heureusement, il y a des moments de grâce dans la vie où l'on arrive à se surpasser. J'exprime ma vision du Club, ma confiance en l'avenir, loue notre savoir-faire. J'expose aussi la façon dont nous allons faire bouger nos méthodes de travail, accélérer notre développement. La clef, pour moi, réside dans l'équilibre que nous saurons trouver entre le respect de la culture unique du Club, de ses valeurs fondatrices et l'ouverture à une modernité génératrice de performances économiques indispensables. J'en profite pour annoncer le résultat prévisionnel de l'exercice en cours et féliciter tout le monde d'avoir su remonter la pente. Mes derniers mots sont pour Gilbert, ma gratitude est profonde. Mes propos sont si étonnamment fluides que certains iront jusqu'à penser que je suis équipé d'une oreillette. Pourtant, ce passage-là, je ne l'ai pas préparé, je l'ai laissé venir du cœur, car il me semble qu'un hommage ne peut venir d'ailleurs. Le chapiteau est plongé dans un silence recueilli lorsque retentit la voix de Pavarotti interprétant Caruso. Alors, les mille G.O. se lèvent comme un seul corps et il me semble que leurs applaudissements nous accompagneront toujours. Gilbert monte sur scène, notre complicité est palpable, notre confiance rayonne, la passation est faite. Gilbert est très ému, les administrateurs semblent aux anges, les journalistes sont un peu déboussolés, les G.O. rassurés. Le Club est entre de bonnes mains et l'aventure peut continuer. C'est du moins ce que nous croyons à ce moment-là.

Le lendemain, des dizaines de tapis sont installés sur la pelouse du golf que le Club a fait construire à quelques kilomètres du village. Là, sans mise en scène ni artifice, Gilbert s'adresse à nous. Ses mots sont simples et sincères pour nous dire sa confiance et son amitié, sa joie d'avoir eu le cadeau de travailler avec nous. Il dit aussi ses rêves pour le monde à venir, nous fait part de son projet d'Université de la Paix. Dans ma mémoire, ce discours reste le plus beau de sa vie au Club. L'émotion est vive quand, à l'issue de ce discours, le personnel marocain du village lui offre un cheval blanc, témoignage de leur affection pour l'homme qui a changé leur vie. Nous sommes réunis dans l'instant magique d'une fête fugace, mais il me semble que le temps s'est arrêté pour que ce moment continue de vibrer, encore et encore.

Pendant les quatre années qui suivront, je commettrai bien évidemment des erreurs, je ne saurai peut-être pas toujours bien m'entourer et je ne saurai peut-être pas aller assez vite pour faire bouger le Club. Cela me coûtera assez cher. Certains me reprocheront alors de n'avoir pas su « tuer le père[9] », mais pour moi il est important de continuer à faire évoluer le Club, tout en préservant son ADN.

Mais l'année 1995 est dramatique pour le Club. Lorsque la France décide de reprendre les essais nucléaires à Tahiti, les clientèles asiatique, australienne et néo-zélandaise entament aussitôt un boycott : les villages d'Asie se vident, entraînant un fort impact sur les comptes. Parallèlement, en France, démarrent les longues grèves de l'automne contre la réforme des retraites. Et les effets de la guerre du Golfe continuent de mettre à bas le monde du tourisme, renforçant la crainte de certains actionnaires qui décident de sortir du capital. Ainsi en va-t-il de l'Union des assurances de Paris (UAP) ou du Crédit lyonnais.

9. *Natacha Tatu, « Ne comptez pas sur moi pour tuer le père »,* Le Nouvel Observateur, *30 juillet-5 août 1998.*

Très vite les tensions augmentent, car les comptes, toujours positifs, y compris pour ce difficile exercice de 1996, ne sont cependant pas à la hauteur des attentes du marché. Nous décidons alors de passer des provisions[10], comme me le demande avec insistance Pascal Lebard, l'adjoint de Ruy. Nous nous retrouvons ainsi en perte pour un exercice que j'avais annoncé profitable quelques semaines auparavant au cours d'une réunion d'analystes.

C'est la faute qu'attendaient les Agnelli pour prendre le pouvoir. Je suis convoqué dans les bureaux de la Caisse des Dépôts. Ma destitution est annoncée. Je tente de trouver des appuis au sein du conseil d'administration ou de certains banquiers, mais je vois rapidement mes soutiens tomber les uns après les autres sous la pression qui leur est faite. Je mets quelque temps à comprendre que le cabinet Bain & Company, chargé d'établir un rapport sur les dysfonctionnements du Club et ses points de force, a fait circuler deux rapports. Le premier, qu'il m'a remis, insistait sur les points de force et m'invitait gentiment à corriger les points de faiblesse ; l'autre, qui circulait auprès des administrateurs, était totalement négatif, présentant mon éviction comme la seule solution possible.

Le conseil d'administration est convoqué pour établir officiellement la nouvelle gouvernance. La tension est à son comble, le Club bruisse de rumeurs : il est question que je sois nommé président du conseil de surveillance, sorte de placard doré imaginé par les administrateurs tout spécialement pour moi.

10. *Somme inscrite au passif d'un bilan pour parer à une perte probable ou à une perte dont la valeur exacte est encore indéterminée. Définition tirée du dictionnaire* Antidote, *version 9, Montréal, Druide informatique, 2018.*

La réunion a lieu dans nos bureaux. Des chefs de village m'appellent quelques instants avant. Au courant que quelque chose se trame, le groupe des leaders historiques me propose de mobiliser les équipes et de mettre les villages en grève de façon à bloquer mon départ. Ils n'envisagent pas le Club sans ma présence. J'en suis bien sûr touché, mais je refuse, arguant que cela n'aurait d'autre effet éventuel que de retarder une échéance inévitable et de provoquer des représailles dont ils risqueraient d'être les premières victimes. Le Club doit continuer et, à mes yeux, les G.O. et les G.M. n'ont pas à pâtir de cette situation.

Je vais vivre alors une scène digne du *Parrain* de Francis Ford Coppola. Alors que tous les administrateurs sont réunis, assis dans une ambiance à couper au couteau, Gian Luigi Gabetti, l'avocat des Agnelli, demande à me voir en tête à tête dans le bureau adjacent à celui du Conseil. Il a compris que je suis au courant de leurs manœuvres, des deux rapports du cabinet Bain & Company et des pressions qu'ils ont exercées auprès de mes premiers soutiens. Il n'est pas question dans son esprit que le moindre grain de sable vienne perturber son opération, menée, il faut bien le reconnaître, de main de maître. Alors il va droit au but et me dit d'emblée : « Si tu tentes la moindre action, contre nous ou contre Bain, ou si tu profères la moindre parole négative à notre égard, je te détruirai partout dans le monde, je t'empêcherai de rebondir où que ce soit. » Et il insiste lourdement : « partout dans le monde ». Je souris. Je ne suis plus à ça près et il ne me fait pas peur. Cela l'irrite encore davantage et il devient de plus en plus menaçant. Mais les administrateurs s'impatientent et on vient nous chercher. Le conseil se déroule selon le scénario prévu à l'avance. Mis à part Cheick

Abdul Aziz, Paul Jeanbart et Lotfi Belhassine, personne ne m'apporte son soutien. À la sortie, je croise une dernière fois les administrateurs. Ils ne m'accordent même pas un regard. Ma vie au Club est terminée.

Dehors, en bas de l'immeuble, tous les G.O. du siège se sont réunis pour m'attendre et me témoigner leur soutien. Ils forment un cortège silencieux que les administrateurs mal à l'aise doivent traverser pour quitter les lieux. Ils ne prononcent pas un seul mot, mais leur désapprobation est palpable. À mon passage, ils forment une haie d'honneur et me disent toute leur affection. Je leur dis encore ma joie d'avoir travaillé avec eux. Je suis ému, les mots peinent à sortir, j'écourte.

Quelques années plus tard, Bernard Tapie demandera à me rencontrer. Il veut racheter le Club qu'il estime mal géré et souhaite m'associer à cette opération. J'en suis touché. J'ai pour ma part une véritable affection pour cet homme tant critiqué, qui se bat avec tant d'énergie. Mais je ne suis pas prêt.

En 2014, viendront me trouver les frères Bonomi. Ces redoutables hommes d'affaires italiens sont spécialisés dans le rachat d'entreprises en difficulté. Ils voudraient eux aussi reprendre le Club. Le moment est bien choisi.

Depuis leur arrivée, Philippe Bourguignon et Henri Giscard d'Estaing compensent les pertes d'exploitation par la vente des bijoux de famille. Les plus beaux villages du Club, achetés à très bas prix, font l'objet d'une véritable spéculation immobilière. Ils sont même bradés dans certains cas – comme à Corfou – et ces profits exceptionnels permettent de masquer les pertes. Le groupe chinois Fosun a décidé, avec l'accord de la direction, de lancer une offre publique d'achat (OPA) sur l'ensemble des titres du Club. Flairant la bonne affaire, les Bonomi ont décidé de lancer une contre-offre. Ils demandent à me rencontrer.

Ils viennent dîner au Mama. Je leur explique que j'ai tourné la page du Club et que ma vie professionnelle est maintenant en ces lieux. Ils insistent. Ils me proposent d'assurer une présidence non exécutive du Club et m'invitent à les aider à chercher celui qui pourrait être le meilleur dirigeant. Gisela est contre, mes fils aussi, mais je dois avouer que revenir au Club me tente encore un peu. Commence alors une bagarre homérique nous opposant, les Bonomi et moi-même, à Henri et son conglomérat chinois. Les surenchères se succèdent. Les dirigeants du Club réussissent à monter toutes les équipes contre la proposition italienne, en profitant au passage pour revenir sur les pertes de 1997 et me traîner dans la boue. De mon côté, je mets un point d'honneur à ne jamais critiquer personnellement Henri, mais plutôt sa stratégie, qui en remettant le Club entre les mains d'un unique actionnaire, le conduit à dépendre quasi exclusivement du marché chinois dans l'avenir.

Face à tant de haine, les Bonomi renoncent à l'OPA quelques mois plus tard. C'est sûrement mieux ainsi. Le Club est aujourd'hui un tour-opérateur chinois positionné dans ce qu'il considère comme étant le monde du luxe. Sans porter aucun jugement de valeur, disons que c'est une tout autre histoire.

Même si avec le temps la blessure a cicatrisé, il m'arrive encore aujourd'hui de repenser à la fin du film. Alors, ok, admettons que j'étais nul, incompétent, ne sachant ni compter ni communiquer –

puisque c'est la version officielle. Pourtant les Agnelli avaient déjà décidé de mandater un cabinet de chercheurs de têtes pour trouver mon remplaçant bien avant la publication des comptes. Ils devaient donc avoir d'autres raisons de m'évincer.

Peut-être ne supportaient-ils plus le fait d'être devenus les actionnaires majoritaires du Club et de constater que le nom des Trigano y demeurait si intimement associé dans les esprits. Gianni Agnelli n'avait-il pas, par exemple, exprimé son courroux lorsqu'à quelques dîners officiels donnés par le roi du Maroc ou le président du Mexique, Gilbert s'était retrouvé placé par le protocole à une bien meilleure place que la sienne ? Position difficile à admettre pour un homme qui se considérait plus ou moins comme le souverain italien.

Et puis il avait dû essuyer mon refus d'embaucher sa sœur comme directrice des relations publiques du Club, ce que Ruy me demandait avec insistance. Cela n'avait sans doute pas non plus joué en ma faveur.

Mais peut-être aussi que Gianni avait tout simplement voulu faire plaisir à Valéry Giscard d'Estaing. Après tout, les deux familles ne sont-elles pas unies par des liens de sang ? Ruy et Valéry Giscard d'Estaing n'ont-ils pas tous deux épousé une Faucigny-Lucinge – cette grande famille de la noblesse française ? On rapporte que Valéry, qui avait réussi à placer son fils Henri chez Danone comme directeur financier, avait longtemps caressé le rêve de le voir succéder à Antoine Riboud au moment où il prendrait sa retraite. Mais ce dernier avait un autre plan en tête et c'était son fils, Franck, qu'il avait porté alors à la présidence du groupe. Où donc caser Henri ? Et pourquoi pas au Club ? Comme chez Danone, les Agnelli y étaient devenus actionnaires de référence, il suffisait d'attendre le bon moment pour me dégager. On placerait d'abord Henri à un poste de directeur financier, tandis qu'un intérim se verrait offrir la présidence du Club. À la présidence, c'est Philippe Bourguignon qui fut nommé et qui, sans le vouloir, leur facilita la tâche en accumulant erreur sur erreur, créant un véritable gouffre financier : son licenciement devint inévitable. Il fit plus tard un procès au Club, mais, en attendant, la place de président était libre pour Henri.

Comme toutes les plus belles histoires d'amour lorsqu'elles se terminent, mon histoire avec le Club s'est mal terminée. J'y aurai passé cinquante ans de ma vie. Vingt ans d'une jeunesse bercée par les récits de Gilbert nous racontant le dernier site découvert, la dernière plage qui ferait rêver des milliers de G.M. ou ses rencontres avec des dirigeants du monde entier, pour les séduire et les convaincre des bienfaits du tourisme en général et du Club en particulier. Et puis trente ans comme G.O., des années magnifiques dont je ne garde que les bons souvenirs, les belles rencontres, les émotions. Dans cette entreprise épique de conquérir pacifiquement le monde, même les angoisses professionnelles se sont transformées avec le temps en bons souvenirs. Incroyable aventure humaine, elle m'a permis de faire des milliers de rencontres, des hommes et des femmes talentueux venus de tous les coins du monde, de toutes religions et de toutes couleurs de peau.

Oui, la rupture est dure... Je crois d'ailleurs stupidement, au début, que les actionnaires s'apercevront de leur erreur et qu'ils me rappelleront. Le Club ne peut pas vivre sans nous. Quelle bêtise ! Et puis, je reviens sur terre au cours de l'été 1997. Je suis aux États-Unis, où j'ai gardé quelques amis américains suite à mon passage à New York dans les années 1980. Lorsque je leur raconte mon histoire et la trahison dont j'ai été victime, ils m'expliquent avec de larges sourires que chacun d'entre eux a, au moins une fois dans sa vie, été viré de sa boîte. Tous ont rebondi.

Ils ne me ménagent pas : l'histoire du Club est terminée, je ne serai pas rappelé, il me faut définitivement tourner la page. Ils ont raison. Mais avant de l'accepter, je passe par des moments de profonde tristesse et de désespoir. Le sentiment, pas tant d'avoir été trahi que d'avoir trahi la confiance de mon père et des milliers de G.O., ne facilite pas les choses. Et puis, pour ajouter à une situation déjà difficile, notre successeur, brillamment conseillé par de grands stratèges en communication, pense qu'il doit, pour asseoir son pouvoir, briser tout à fait l'image des Trigano. Et il faut bien reconnaître qu'il y met toute son énergie et tous ses réseaux. De mon côté, sur les conseils de Gilbert, je m'attache à ne pas répondre aux attaques et jamais je ne critiquerai les hommes qui nous ont remplacés. On ne peut pas dire que ces derniers auront la même élégance. Ils traiteront l'entreprise de secte, remettront en question son professionnalisme et chargeront autant que faire se peut la barque de toutes les provisions possibles et imaginables. D'ailleurs, après les Agnelli, en haut de ma liste de détestation, je placerais bien volontiers nos commissaires aux comptes, qui n'ont cessé, pendant tout leur mandat, de nous féliciter pour la rigueur de notre gestion, quitte à en devenir parfois obséquieux, et qui se sont acharnés soudain à trouver toutes les nouvelles sources de pertes potentielles, parfois fictives, pour plaire au nouveau pouvoir

– quitte bien sûr à reprendre ces provisions quelques années plus tard. Il en sera ainsi notamment pour une très grosse provision qu'ils passeront pour un risque fiscal. Il s'avérera, bien évidemment, quelques années plus tard, que ce risque était sans cause. Il faut dire que Gilbert avait pris soin de bien faire valider son montage fiscal par les services du ministre des Finances de l'époque, un certain Valéry Giscard d'Estaing. Cela permettra toutefois de couvrir une partie des pertes du village Oyyo, village pour jeunes où « si tu dors, t'es mort », un des plus jolis fiascos en termes de marketing de ces dernières années ; ou celles du Club Med World, vaine tentative de recréer l'ambiance des villages à Paris qui sera un véritable gouffre financier ; ou encore le rachat d'une chaîne de clubs de sport ou de Jet Tour, tour-opérateur totalement surpayé.

Pour ce qui est des protagonistes de cette belle histoire, Gianni et son frère Umberto décéderont bientôt, laissant la place à une nouvelle génération. Après avoir investi à contretemps dans l'industrie du papier, Pascal Lebard, l'adjoint de Ruy Brandolini, se retrouvera personnellement confronté aux difficultés d'une entreprise en perdition.

Quelques mois après mon départ, Philippe Lagayette, l'ancien directeur général de la Caisse des Dépôts – qui a apporté la caution d'une grande institution française à nos amis italiens et sans qui il aurait été plus difficile d'organiser mon licenciement – verra sa femme, brillante journaliste, nommée directrice déléguée de Fiat France.

Lorsqu'il m'arrive de temps à autre de croiser Ruy Brandolini, l'homme à l'origine de mon licenciement, en bas de notre immeuble, dans le 16e arrondissement, je mets un point d'honneur à le saluer avec courtoisie.

Quant à Henri, il faut reconnaître qu'il a su tenir pendant de longues années tout en accumulant des pertes massives. Comme cela se murmurait dans les dîners en ville, son nom l'a certainement un peu aidé. Mais, après tout, pourquoi pas ? Le mien a sans doute facilité mon ascension au sein du Club. Disons simplement qu'avec la qualité d'éducation qu'il a sûrement reçue, j'aurais pu espérer un peu plus de considération à mon égard et peut-être aurait-il pu éviter de revisiter l'histoire du Club. Il n'en a pas moins une stratégie. Ce n'est pas la mienne et je ne m'y reconnais pas, mais elle a le mérite d'exister. Le Club, c'est plus qu'une marque, c'est un phénomène de société. Porté par des *baby-boomers*, il évoque, pour des millions de Français et d'étrangers, de magnifiques souvenirs de vacances et reste pour des dizaines de milliers d'anciens G.O. un moment privilégié de leur vie, souvent associé à leurs meilleurs souvenirs de jeunesse. Et puis, la formule mise au point il y a cinquante ans pour les familles françaises est tellement forte qu'elle saura sans doute séduire demain les familles chinoises. Alors cette belle idée qu'est le Club ne doit pas mourir et il faut souhaiter à Henri de réussir.

LA TRAVERSÉE DU DÉSERT

★

LES ANNÉES QUI SUIVENT MON DÉPART DU CLUB SONT DIFFICILES. Le regard des gens a changé. Le téléphone ne sonne plus. Nous sommes rayés des listes VIP pour les expositions, les cocktails et les avant-premières – ce qui, honnêtement, ne me gêne pas. Mais le sentiment d'un ratage complet est assez difficile à vivre.

Toutefois, il n'est pas question d'arrêter, de me mettre à la retraite. Je n'ai ni les moyens ni l'envie de finir ma vie sur des terrains de golf ou dans la peau d'un consultant. J'aspire à rebondir. Ma chance sera de faire partie d'une famille exceptionnelle et, en même temps, de faire les rencontres qui vont tout changer.

Pour commencer, Gilbert n'aura pas un mot de reproche à mon égard. Sitôt la page tournée, lui qui a consacré au Club toute sa vie, n'accordera plus aucun regard au passé ni n'émettra aucune critique. Pour lui, le Club, c'est terminé et la seule question à se poser est : « Qu'allons-nous faire maintenant ? » Son soutien sera sans faille et ma vraie tristesse aujourd'hui est qu'il ne soit pas là pour voir le succès du Mama.

Après son départ, en 2001, ma mère, protectrice, inlassable consolatrice, s'attachera à perpétuer la tradition familiale. S'efforçant de garder pour elle son chagrin, elle saura s'emparer de chacune de nos réussites comme d'autant de raisons de se réjouir et de célébrer.

Gisela, mon épouse, s'accommodera avec amour et bienveillance de mes revers de fortune. Elle acceptera les inévitables sacrifices financiers et la vente de notre bel appartement, acheté au moment de mon accession à la présidence du Club, sachant qu'elle est indispensable au financement du Mama. Moins affectée que le reste de la famille par mon départ du Club, elle verra dans ce nouveau projet la possibilité que je me réalise enfin par moi-même, sans le poids, il faut le reconnaître, assez lourd du père et d'une entreprise devenue tentaculaire.

J'aurai aussi le soutien de mes sœurs, Lydie et Sylvie, qui ont vécu l'aventure du Club avec moi et qui l'ont quitté à mon départ, ainsi que de Brigitte, la cadette, qui a toujours refusé d'entrer au Club et qui fait une remarquable carrière d'avocate.

Lydie Trigano avec Costa-Gavras au forum des metteurs en scène au Club de Kamarina.

Et puis, bien sûr et surtout, il y aura mes deux fils, Benjamin et Jérémie, sans qui l'aventure du Mama n'aurait jamais connu un tel succès. Dès mon licenciement, nous commencerons à rêver tous les trois de ce lieu d'un type nouveau. Nous l'imaginerons beau, sexy, moderne et populaire, ouvert à tous : un lieu de vie et de rencontres.

Donner le jour au Mama sera le fruit d'un effort collectif qui demandera beaucoup de patience, d'amour, de foi en l'avenir et de sacrifice. Aujourd'hui, le Mama est mon oasis, le lieu de mon refuge après cette longue traversée du désert.

Mais oublier la sacro-sainte plage et nous tourner vers l'univers de la ville ne sera pas une évidence immédiate. Le concept du Mama urbain tel qu'il est aujourd'hui aura demandé une longue période de maturation.

Avec Benjamin, Jérémie et le designer Philippe Starck, nous entreprenons dans un premier temps d'imaginer ce que pourrait être le village vacances du XXIe siècle. J'ai été mis à la porte du Club pour incompétence, je veux montrer ce que je sais faire. Rien ne peut effacer les belles relations que ces années au Club m'ont permis de tisser avec nos partenaires à travers le monde et plusieurs pays nous semblent favorables à l'implantation de ce nouveau projet. En 1998, nous nous mettons en quête d'un site. Nous parcourons d'abord la Basse-Californie, au Mexique, mais nous nous rendons compte peu à peu que le projet y serait trop difficile à monter, car trop loin de nos bases. Puis, avec Ahmed Smaoui, ancien secrétaire d'État au tourisme de Tunisie, nous découvrons un site magique dans les îles Kerkennah. Philippe dessine l'ébauche d'un hôtel à couper le souffle, niché au cœur d'un petit village de pêcheurs. Malheureusement, la corruption qui règne à cette époque sur le pays nous contraint encore une fois à changer de projet.

C'est alors que je retrouve le Maroc et la région de Marrakech qui m'éblouit de nouveau. J'ai tellement aimé ce pays ! J'y ai été chef de village, à Agadir et Marrakech, puis j'y ai fait mes premières armes comme directeur des opérations. C'est là que j'ai rencontré mon épouse et que j'ai fêté la bar-mitsvah de mon fils aîné, en respectant à la fois les rites juifs et musulmans. J'ai aimé sa population, adoré sa cuisine, j'ai été fasciné par ses couleurs. Et puis, j'ai souvent accompagné Gilbert lors de ses audiences auprès de sa Majesté Hassan II, qui, toujours, nous a accordé son soutien. Toutes ces raisons semblent nous enjoindre à faire du Maroc le point d'ancrage de notre nouveau départ.

Nous faisons alors de fréquentes visites à Rabat et à Casablanca. Ministres, hauts fonctionnaires, architectes, journalistes, mais aussi membres du personnel marocain de nos villages, nous n'avons dans ce pays que des amis de longue date. Tous sont prêts à nous aider et leur enthousiasme nous insuffle une motivation renouvelée. Après de longues recherches, nous identifions un site dans la région de Marrakech. C'est une paisible oasis boisée, au bord du lac de Lalla Takerkoust. Lorsque Philippe Starck découvre le site, il l'adore et se met très vite au travail. Ses dessins sont de toute beauté. L'hébergement est fait de tentes à la fois très simples et d'un exceptionnel confort. Les parties communes s'harmonisent autour de la piscine et du bar, privilégiant de partout une vue magique sur le lac et les sommets enneigés de l'Atlas qui invitent à la rêverie. D'ici nous allons repartir et ici nous réussirons...

Nous commençons à chercher des partenaires financiers, mais, curieusement, ceux-ci se défilent tour à tour. Les délicieuses paroles de Gianluigi me reviennent en mémoire : n'a-t-il pas menacé de me détruire, de bloquer mes futurs contacts et d'empêcher la réalisation de mes projets à venir ? Quelques fidèles proposent pourtant de nous accompagner et le ministère de l'Intérieur finit par débloquer le projet et par nous accorder son soutien. Nous signons la convention pour le terrain, nous nous acquittons des droits, des taxes, etc.

Pourtant, il faudra encore trois ans pour boucler définitivement l'opération. Trois ans d'allers et retours, de négociations et de visites. Trois ans financés sur mes indemnités de départ du Club. Heureusement, j'oublie un peu les tracasseries de l'administration marocaine grâce à Robert Bergé, le charismatique directeur de l'hôtel la Mamounia à Marrakech, qui m'accueille à chacun de mes passages avec une incroyable gentillesse. J'ai également le soutien d'Hamid Ben Brahim, à l'époque directeur commercial de la Royal Air Maroc, qui organise avec sa charmante épouse de nombreux dîners dans leur maison de Casablanca, invitant des investisseurs, des ministres ou de hauts fonctionnaires afin de m'aider à boucler l'opération.

À l'issue de ces trois ans, nous obtenons finalement le permis de construire et le financement espérés. À ce moment, Mohamed Hassad, wali de la région de Marrakech, exprime le désir de nous recevoir et, après quelques mots d'éloges appuyés à l'égard de Gilbert, nous explique que notre projet, pourtant magnifique, devra être implanté ailleurs. Plaisante-t-il ? Toutes les études ont été réalisées sur ce terrain : les plans, les études pour les fondations, le projet de

Bar-mitsva de mon fils Benjamin au Club Méditerranée de Marrakech, 1984.

canalisations, tout ceci a coûté une fortune. Il insiste pourtant et nous propose de visiter d'autres sites, ce que je refuse, bien évidemment. Le ton monte un peu. L'avocat qui m'accompagne déclare que des poursuites seront engagées contre l'État marocain. Le gouverneur acquiesce : c'est tout à fait notre droit.

Quelques jours plus tard, mon avocat m'explique poliment qu'il n'est pas en mesure de m'accompagner dans cette affaire, car, selon ses informations, la famille royale aurait préempté le site.

Bien évidemment, j'abandonne. J'ai perdu près de quatre ans et quelques millions d'euros. Je me résigne, je n'ai pas d'autre choix. Jamais je ne connaîtrai la vérité.

À mon père, je ne dirai rien de cette sinistre rencontre. Lorsque

Réception donnée par le président Chirac pour Sa Majesté Hassan II, roi du Maroc, que je suis en train de saluer. Le Club était un pionnier du tourisme marocain. Palais de l'Élysée, mai 1996.

je rentre du Maroc, je sais que le cancer continue ses ravages et qu'il va bientôt nous quitter. Lucide pourtant, il m'interroge sur le résultat de mon voyage. Alors, pour la première et seule fois de ma vie, je lui mens. Je ne le regretterai pas : « Tout est bon, lui dis-je, c'est signé, les travaux vont commencer. » Ma mère, que j'ai mise dans la confidence, acquiesce en souriant. En guise de réponse, il prend ma main et m'adresse son doux sourire de satisfaction.

Quelques jours plus tard, alors que Laurent Fabius doit remettre la Légion d'honneur à Philippe Starck, je passe l'embrasser avant de me rendre à la cérémonie. Il remarque que je ne porte pas la mienne et m'en fait gentiment le reproche : « La Légion d'honneur, il faut la porter », me dit-il.

Ce seront les dernières paroles que j'entendrai de lui. Il nous quittera trois jours plus tard. Des milliers de G.O. et d'amis, Français, Marocains, Tunisiens et autres, assisteront à son enterrement. Notre successeur, qui vient alors, avec un tact tout à fait remarquable, de qualifier le Club de secte, se verra interdire l'accès au cimetière par ma mère. À la date anniversaire de son décès, depuis maintenant vingt ans, Haïm Korsia, grand rabbin de France, sait renouveler les mots qui apaisent un peu notre peine et maintiennent intacte sa mémoire. Quant à moi, je porte ma Légion d'honneur à toutes les occasions importantes, professionnelles ou personnelles. J'ai l'impression qu'ainsi il est encore à mes côtés et je sens qu'il nous protège.

Affiche avec le slogan de l'époque.

« Le camping, c'est Trigano ! »

Ce slogan trotte encore aujourd'hui dans la tête de ceux qui ont connu l'essor de notre petite entreprise familiale dans les années 1960. Gilbert, qui en est à l'origine, a pour lui ce talent qui consiste à percuter la réalité d'une seule phrase. Lorsqu'il s'est éloigné de l'affaire familiale pour se consacrer entièrement au Club, c'est son jeune frère, André, formidable commerçant, qui en a repris les rênes. En 1969, notre petite entreprise a racheté Caravelair et entrepris aussi la fabrication et la commercialisation de caravanes. Hélas, après le choc pétrolier de 1973, les résultats n'étaient plus au rendez-vous. C'est le Crédit lyonnais, banquier de la société, qui en a repris alors le contrôle. André a été mis sur la touche.

Gilbert, qui avait incité Edmond de Rothschild à investir dans l'entreprise familiale, a tenu à ce qu'il ne soit pas pénalisé par cette situation. Pour compenser les pertes du baron, il a mis en vente les dix pour cent d'actions du Club qu'il possédait afin de l'indemniser. On imagine aisément que la donne aurait été différente au moment du *clash* si Gilbert, conservant ses dix pour cent, était resté le premier actionnaire privé du Club.

André, qui a hérité du même talent que son frère pour rebondir, a, avec une belle énergie, créé la Compagnie internationale André Trigano (CIAT), qu'il a dotée d'une usine de fabrication à Mazères. Il y crée des produits innovants – des *bungalows* en toile, des *mobile homes* – et a diversifié son activité, notamment avec la chaîne de camping Campéole, qui gère de nombreux terrains de camping, en France et en Europe.

En 1999, sentant que notre projet au Maroc peine à voir le jour, je me tourne vers lui, estimant que nous pourrions à la fois réinventer et consolider le secteur du camping et que le nom de Trigano conférerait à cette stratégie la meilleure légitimité possible. André marque son intérêt, Philippe Starck accepte le défi de dessiner une nouvelle tente et un prototype ne tarde pas à être réalisé dans l'usine d'André. Elle est superbe. André est séduit. Il m'invite à déjeuner au Train bleu et je lui propose de nous associer à parts égales pour développer ensemble une nouvelle société. André a un carnet d'adresses fabuleux, un grand pouvoir de séduction auprès des municipalités et un outil de production de qualité. De notre côté, nous lui apportons le design génial de Philippe Starck, la modernité de la jeune équipe et un véritable projet industriel. À la fin du déjeuner, il me donne son accord. Je rentre au bureau, fou de joie. Malheureusement, il m'appelle une heure plus tard, revenant sur son engagement, m'annonçant que ses collaborateurs ne sont pas favorables à notre projet d'association. Je suis peiné que, préférant ses collaborateurs à son neveu, il renonce à une si belle idée, à un projet familial qui aurait eu tout son sens, liant encore plus étroitement le nom de Trigano à l'histoire du camping en France, mais je ne suis plus à une déconvenue près.

Une autre porte s'est fermée, il va me falloir chercher encore ailleurs d'autres idées. Je dois convenir que cela devient difficile moralement. D'autant que notre prospection au Maroc et nos bureaux du Marais nous coûtent cher et que, par ailleurs, les rentrées d'argent sont nulles.

Laurent Choain, un ami rencontré à l'occasion d'une conférence que j'ai donnée à Reims, est à l'époque DRH du Groupe Caisse d'épargne et possède un important réseau. Il me met en contact avec les responsables du campus que la société Capgemini est en train d'installer à Chantilly. Au cœur d'un vaste parc, doté d'un manoir du XIXe siècle, Valode et Pistre, architectes de talent, ont réalisé un lieu de séminaire exceptionnel. La mission m'est proposée de mettre en place le concept et d'y apporter de la vie. Dans la foulée, les responsables du Groupe Caisse d'épargne me confient la gestion de leur centre de formation de Béhoust, dans les Yvelines. Probablement confiante suite à cette période de collaboration, la Caisse d'épargne sera d'ailleurs ensuite la seule banque qui acceptera de m'accorder son soutien financier au moment de la création du Mama Shelter.

Je découvre que le monde de la formation et des centres de séminaires est en réalité assez proche de celui des villages de vacances. On venait au Club Méditerranée pour faire la fête, ici on vient pour apprendre, mais au fond ce qui compte, c'est de mettre en scène un lieu qui favorise la rencontre et permette l'accès à une certaine ouverture d'esprit.

Peu de temps après, les responsables du groupe Partouche lancent un appel d'offres pour la gestion de leur hôtel de Forges-les-Eaux, en Haute-Normandie, jusqu'alors géré par le Club Méditerranée. Isidore Partouche, le président du groupe, fait partie des rares personnes qui m'ont assuré de leur soutien financier en cas de besoin. Nous décidons alors, mes fils et moi, de participer à l'appel d'offres et Jérémie fait une séduisante présentation à Ari Sebag, le directeur général du groupe, de ce que pourrait être Forges-les-Eaux géré par la famille. Nous obtiendrons le marché et c'est ainsi que, depuis dix ans, avec la complicité de Jonathan Bismuth, ancien chef de village du Club, et de Richard Frisher, directeur du domaine, nous travaillons à faire de cet hôtel un lieu chaleureux et convivial, qui accueille à la fois séminaires d'entreprises et familles en recherche de confort, de simplicité et de fête… peu importe la météo.

Deux anciens G.O., Canaque, l'ancienne directrice du budget, et Aimé Clargé, l'ancien directeur de la construction, resteront également fidèles à nos côtés, nous aidant, avec Léon Kern, à préparer les budgets, les *business plans* et les programmes de construction, pour essayer de faire éclore ces différents projets.

Je garde ainsi un lien avec le monde des *resorts* et continue d'y apporter mes idées et d'y puiser certaines sources de réflexion.

L'AVENTURE DU MAMA SHELTER

LA NAISSANCE DU CONCEPT

LE PROJET MAROCAIN A ÉTÉ ABANDONNÉ : trop d'argent dépensé, trop de promesses non tenues et puis, au final, trop proche de l'univers du Club. Aussitôt imaginée, il nous a fallu également renoncer à notre ambition de remodeler l'univers du camping. Quant à l'hôtel de Forges, c'est une belle opportunité, mais je le gère pour le compte d'un groupe et je souhaiterais aller vers un projet plus ambitieux.

J'essaie de ne pas me laisser abattre, même si, certains jours, le moral commence à faiblir et le sommeil ne vient qu'à grand renfort de somnifères. Il faut imaginer autre chose ! Le concept ébauché à Marrakech ne pourrait-il pas s'épanouir ailleurs ?

J'ai entre-temps fait une rencontre, celle de Cyril Aouizerate : nous commençons à discuter ensemble de ce que pourrait être un nouvel hôtel urbain. Et si j'oubliais le village de vacances pour imaginer quelque chose de totalement nouveau ? Un hôtel qui ne serait pas simplement un lieu pour dormir, mais aussi un espace où il ferait bon vivre, boire un verre, déjeuner, écouter de la musique, un lieu totalement ouvert sur son quartier et sa ville. Benjamin et Jérémie rejoignent bientôt la réflexion. Bien sûr, il faut encore affiner le projet, réfléchir à l'emplacement de la première implantation, trouver des partenaires et des financements... Ce sera finalement peut-être la bonne piste, mais il faut commencer par lui trouver un nom.

Le nom que nous connaissons aujourd'hui fera son apparition lors d'un repas amical, au détour d'une savoureuse conversation entre Benjamin et Philippe Starck. Je crois qu'il est une des clefs de notre réussite. Il nous permet en tout cas de nous différencier d'un hôtel classique et d'expliquer simplement le concept.

« Le Mama Shelter, c'est un projet social et urbain du XXIe siècle, comme le Club Méditerranée était un projet social et touristique du XXe siècle. »

CYRIL AOUIZERATE

Shelter, en anglais, c'est l'abri. Parce qu'elle implique une certaine forme de démocratisation, cette notion résonne avec des valeurs qui étaient déjà celles du Club Méditerranée. C'est un lieu ouvert à tous, sans ségrégation, qui vous protège des agressions du monde extérieur, quelle que soit votre couleur de peau, votre âge, votre statut social ou votre pouvoir d'achat. Un lieu où la solitude non recherchée, la froide attente des salons d'hôtel déserts et impersonnels, celle qui nous ronge parfois pendant nos voyages d'affaires, peut facilement, si on le souhaite, laisser place à la chaleur de la rencontre.

Quant à *Mama*, c'est notre maman, la femme que l'on aime le plus au monde. C'est celle qui nous aime, inconditionnellement, qui prépare la cuisine en nous attendant, puis qui nous accueille et nous oblige à manger, même si nous n'avons pas faim. Elle sait nous remonter le moral, mais aussi nous remettre gentiment, mais fermement, dans le droit chemin lorsque notre tête a un peu tendance à gonfler.

Ce sera donc le Mama Shelter. Ce nom, suscitera parfois la méfiance, le sarcasme ou la moquerie de la part de nos possibles partenaires, investisseurs ou communicants. Pourtant, loin de la vacuité des concepts de marketing, il est pour nous un véritable hommage. Car elles ont bel et bien existé, nos mamas ! Celle de Philippe, celle de Cyril, ma propre mère, celle de mes enfants, ou encore mes grands-mères, débarquées en France avec leurs maris à la fin de la Première Guerre mondiale.

Ce nom évoque les souvenirs de l'enfance, les vôtres comme les miens. Pour moi, c'est le souvenir de ces migrants turcs qui, à force de travail et de courage, s'intégreront si bien à la France : mes grands-parents maternels, arrivés à Paris sans un sou, sans parler un mot de français, sans connaître qui que ce soit, oubliant leur langue natale pour obliger leurs enfants à parler le français. Je garde d'eux le souvenir de la petite affaire de rétroviseurs qu'avait réussi à monter mon grand-père dans un atelier situé, curieuse coïncidence, à deux pas des bureaux du Mama, rue Servan. Je me souviens aussi de leur petit pavillon de Villiers-sur-Marne, de la chaleur de leur foyer et des saveurs d'une cuisine turque faite de boreck et d'autres plats délicieux, qui, par je ne sais quel miracle, s'est transmise pour continuer à faire les délices de nos déjeuners du dimanche.

Et puis j'imagine l'Algérie natale de mes grands-parents paternels, goûtant mentalement aux joies savoureuses du couscous qui réunissait la famille chaque dimanche boulevard Serrurier – curieusement situé, lui aussi, à seulement quelques encablures du Mama Shelter de la rue de Bagnolet.

Nos mamas sont vraies, belles, formidables. Parmi elles, ma mère, incarnant inévitablement la légende qui veut qu'aux côtés de chaque grand homme se tienne une femme. Toujours présente pour mon père, elle a été son indéfectible soutien tout au long de sa carrière. Sans pourtant jamais s'immiscer dans la vie du Club, elle a su lui dire ses quatre vérités, s'opposer à ses tentations politiques, ou encore lui faire vendre le magnifique coupé Mercedes qu'il s'était offert après avoir reçu le premier chèque d'Edmond – craignant sans doute qu'il n'aille faire le joli cœur autour des villages du Club. Elle a accompagné mon père dans de nombreux voyages officiels, chaque fois anxieuse de n'être pas à la hauteur des conversations des ministres et autres hommes d'affaires, chaque fois inquiète de devoir expérimenter des cuisines exotiques aux antipodes de la simplicité de ses goûts culinaires, chaque fois digne et appréciée de tous pour sa bienveillance.

Si Gilbert nous a appris notre métier et nous a insufflé l'envie de nous aventurer sans cesse vers d'autres horizons, ma mère, elle, nous a transmis de précieuses valeurs qui continuent, encore aujourd'hui, de me guider.

D'une famille modeste, elle savait mieux que chacun d'entre nous la valeur des choses. Elle a toujours su garder une certaine distance avec l'argent, même si elle a appris, sous l'inspiration de Gisela, à dépenser un

Gilbert et Simone Trigano à ma remise de Légion d'honneur.

peu plus quand la situation de Gilbert s'est améliorée. Aussi, quand l'un d'entre nous montrait de l'inclination vers un luxe qu'elle jugeait trop ostentatoire ou coûteux, elle n'hésitait pas à nous rappeler que, dans sa jeunesse, c'était dans la cuisine du petit appartement familial qu'elle et ses sœurs faisaient leur toilette chaque matin. Nous comprenions alors qu'il valait mieux garder les pieds sur terre.

Et puis c'est elle qui m'a donné, il y a cinquante ans déjà, ma plus belle leçon de tolérance, lorsque, de retour du Club d'Agadir, je lui ai présenté la femme avec laquelle je souhaitais faire ma vie. Gisela, belle, vive et gaie, avait tout pour plaire à ma mère, à ce petit détail près qu'elle était allemande. Ma mère, qui n'a pas connu l'horreur des camps de concentration, n'en a pas moins été traumatisée par cette période. Le passage de la ligne de démarcation ou la hantise, chaque jour, d'être dénoncée comme juive, étaient pour elle de brûlants souvenirs. Alors, pas de produits allemands à la maison ni, bien sûr, de voyage possible dans ce pays détesté. La vision fugace d'un uniforme de soldat allemand dans un film, quelques bribes de phrases prononcées dans cette langue engendraient pour elle plusieurs semaines de cauchemars et d'insomnie. Et voilà que je lui présente une Allemande et que je souhaite l'intégrer à la famille. Pourtant, miracle de la tolérance, Gisela sera vite adoptée, devenant sa quatrième fille et sa grande complice. Très vite, nous finirons par rouler en Volkswagen ou en BMW et par équiper la maison chez Bosch ou Miele. Plusieurs fois nous irons à Munich en famille rendre visite à la maman de Gisela, qui deviendra une des mamas présentes dans notre communication.

Après le départ de mon père et jusqu'à son dernier souffle, elle sera la gardienne de la tradition familiale, nous réunissant chaque dimanche pour un déjeuner dont je garde un souvenir plein de gratitude. À mes yeux, elle ne cesse d'incarner le véritable esprit du Mama Shelter : celui qui aime, tolère, protège et rassemble.

Maintenant que nous avons un nom, il nous faut travailler véritablement le concept. Notre petite équipe, Benjamin, Jérémie, Cyril, Starck et moi-même mettons toute notre imagination à concevoir le Mama. Le projet qui commence à prendre forme ne sera certainement pas le résultat d'une étude de marché en bonne et due forme ni de la réflexion d'une équipe de consultants.

Je ne crois pas aux *business plans*, encore moins aux réflexions longues et coûteuses des cabinets de consultants. Faire une étude de marché, bien souvent, c'est se cantonner à appliquer un modèle tout préparé et se couper de sa propre capacité à anticiper le futur. Quant aux consultants, ils ne servent la plupart du temps qu'à valider la stratégie qu'un PDG souhaite imposer à ses troupes, imaginant qu'ils l'accepteront plus facilement si elle vient de l'extérieur. Les consultants sont aussi capables du pire, je l'ai constaté, et je n'arrive plus à leur faire confiance. Moi, je crois aux concepts que nous dictent notre observation, notre imagination et notre cœur. Une idée mérite toujours que l'on se batte pour elle. Elle finit par se réaliser si l'on ne cherche pas à plaire à tout le monde et si l'on ignore les vieux grincheux qui vous expliquent que ça ne marchera jamais.

C'est donc plutôt la confrontation de nos diverses expériences, issues d'horizons très différents, de nos idées et de nos différents voyages, qui va donner naissance au Mama Shelter. Nous sentons qu'il existe un manque dans le paysage hôtelier urbain et nous sommes à l'écoute de notre intuition.

Le concept naît d'un constat : le monde du tourisme et des loisirs est en train de changer. La fortune du Club Méditerranée – et de tous les grands tour-opérateurs de l'époque, Nouvelles Frontières et FRAM en France, la TUI en Allemagne ou Thomas Cook en Angleterre – reposait sur une certaine conception des vacances qui faisait de la plage et du bord de mer la destination idéale. Partir pour des destinations lointaines, s'offrir un séjour tout compris, demande de s'y prendre longtemps à l'avance. J'ai déjà évoqué la folie générée par l'ouverture des inscriptions au Club. À cette époque, on avait le loisir de décider dès le mois de janvier du moment où l'on prendrait quelques semaines de farniente en famille et je me souviens de ces G.M. infatigables, prêts à faire la queue toute la nuit pour s'inscrire dans le village qu'ils avaient choisi.

Mais, au début des années 2000, les choses ont changé. La famille, au sens classique du terme, a explosé en vol, un mariage sur deux se termine par un divorce et l'apparition des familles monoparentales a un impact considérable sur la manière de vivre les vacances, qui s'en trouvent fractionnées pour tenir compte de la garde du père ou de la mère à des moments différents. Il est aussi plutôt rare aujourd'hui d'être en mesure de planifier un voyage six mois à l'avance et la fragmentation des congés par petites tranches d'une dizaine de jours en moyenne réduit la possibilité de partir pour des destinations lointaines. Entre-temps, les scientifiques nous ont démontré que le soleil donne le cancer et, plus grave encore, la situation politique du pourtour méditerranéen a transformé ce lieu qui nourrissait nos rêves de paix et de bonheur en théâtre de toutes les tragédies.

En interrogeant les modes de vie et les attentes des voyageurs du XXIe siècle, le milieu citadin, devenu si facile d'accès grâce au TGV et aux compagnies aériennes *low cost*, se révèle à nous sous un jour nouveau. Il est désormais possible de décider, au beau milieu de la semaine, de partir seul, en couple ou en famille passer quarante-huit heures à Marseille, Londres, Rome ou ailleurs. Et puis il n'est pas besoin d'aller bien loin pour constater l'intérêt touristique grandissant des destinations urbaines. En effet, depuis quelques années, certaines villes, en France comme à l'étranger, ont notablement gagné en attractivité grâce au formidable travail de leurs maires – je pense, par exemple, à Alain Juppé à Bordeaux, Martine Aubry à Lille, ou encore Jean-Luc Moudenc à Toulouse. Mais nous sentons qu'une nouvelle façon de découvrir les villes reste à imaginer, car, si le visiteur de passage accède facilement à la beauté de leur patrimoine, il s'imprègne plus difficilement de l'énergie de leurs habitants. En caricaturant un peu, à l'exception des palaces, lieux de rêve inabordables pour la plupart des mortels, le paysage hôtelier à l'aube des années 2000 est constitué de chaînes standardisées, aseptisées et sans âme, et de petits hôtels de famille, sans restauration, vieillissants et équipés de manière tout à fait obsolète.

Et puis il y a les voyageurs professionnels, ceux qui se déplacent chaque semaine, seuls, pour affaires. Il faut penser aussi à eux. Comme le disait Gilbert Bécaud dans une de ses chansons : la solitude, au fond, ça n'existe pas, il y a toujours un Club Méditerranée. Au Club, on pouvait partir seul, on avait toujours la quasi-certitude de ne pas le rester. On y rencontrait un amour de passage, l'homme ou la femme de sa vie, des amis pour les vacances ou pour toujours. C'était certainement une des plus grandes forces du Club. Mais la solitude des voyages professionnels est bien plus difficile à briser.

Lors d'un déplacement au Mexique avec Gilbert, je me souviens avoir rencontré Jacques Borel, qui avait fondé le groupe du même nom dont il venait d'être limogé. Seul avec sa petite valise, il essayait de vendre des tickets-restaurants aux sociétés mexicaines. Seul dans le hall de l'hôtel, seul au restaurant... Nous, nous formions une équipe qui ne se déplaçait qu'en tribu : complicité, rires, bouillonnement d'idées, pour nous c'était le bonheur. Comment faisait-il pour supporter une situation aussi triste ? Ce jour-là, pris d'angoisse, je m'étais mis à imaginer comment je réagirais dans une situation identique. Très vite et très bêtement, je m'étais dit que cela ne pouvait pas m'arriver. Ma vie au Club était éternelle et les équipes de G.O. seraient toujours à mes côtés.

Et puis le *clash*, et moi aussi je me suis retrouvé seul pendant mes voyages d'affaires. Lorsque, parti à la recherche d'investisseurs, j'attendais des rendez-vous qui ne se concrétisaient pas, j'avais tout le loisir de méditer sur le caractère froid et impersonnel des halls et des restaurants d'hôtel.

Alors, lorsque l'aventure du Mama commence, je me promets de tout faire pour rendre la solitude de nos clients plus agréable : les chouchouter, bavarder avec eux, les installer au bar plutôt que seuls à une table au milieu du restaurant, inviter nos barmans à engager la discussion et, comme au Club, faire en sorte qu'au Mama la solitude ça n'existe pas. Je n'ai rien inventé, mais il me tient vraiment à cœur de rendre leur solitude moins pénible aux clients qui séjournent chez nous pendant leurs voyages professionnels. Et puis, le Mama sera aussi un lieu où les femmes en voyage d'affaires se sentiront en sécurité. Elles n'auront plus à dîner d'un triste plateau-repas dans leur chambre, mais pourront se rendre seules au restaurant, où elles seront certaines que personne ne les ennuiera et où le *staff* les couvrira de gentillesse.

Nous nous prenons alors à imaginer un hôtel qui soit un lieu de vie et de partage, un hôtel conçu comme un abri, un gigantesque cocon où la convivialité serait le maître mot. Il nous semble évident que le concept, au départ, doit être parisien, afin d'être proches de nos bases, sans pour autant qu'il soit situé au cœur des quartiers touristiques. Nous l'imaginons plutôt dans un quartier populaire, ce qui nous permettra de bénéficier d'un foncier moins cher et de proposer aux clients de découvrir un Paris différent pour un tarif abordable. Il n'y aura pas de *room service* – trop coûteux et rarement de bonne qualité – mais un bar, propice à la joie des rencontres hasardeuses entre visiteurs de passage et habitués du quartier, un restaurant où de grandes tables d'hôtes côtoieront les tables de deux ou quatre personnes et même une scène musicale, avec des orchestres et des DJ. Les chambres ne seront pas très grandes, simples, mais très bien équipées, avec une literie de première qualité et le wifi gratuit. Elles seront faites pour que l'on n'y reste pas trop longtemps, juste le temps de dormir ou de faire l'amour. Nous nous déchirons longtemps au sujet des téléviseurs... Finalement, pourquoi ne pas innover tout à fait en installant des iMac dans les chambres – vous savez, ces ordinateurs tout-en-un développés par Apple. Alors on pourra offrir l'accès au wifi, aux chaînes de télévision, au cinéma à la carte, et même, pourquoi pas, à des films coquins ! Quant au personnel, il ne viendra pas nécessairement de l'univers hôtelier, mais sera recruté sur ses attitudes, sa façon d'être, son envie d'aller vers les autres, de les servir avec le sourire, en étant, comme le disait Gilbert, « à leur service, sans être leur serviteur ».

Et le Mama Shelter sera tel que nous l'avons rêvé, finalement pas si loin du concept originel des villages de cases de la première génération du Club : un lieu conçu pour la rencontre, la fête, le partage. Ce qui a fait le succès du Club à ses débuts fera celui du Mama dès son lancement. Nous casserons les codes de l'hôtellerie classique et cela fonctionnera, non pas parce que nous sommes plus intelligents que les autres, mais justement parce que nous ne connaissons rien à l'hôtellerie classique et que nous partons d'une page blanche. Et aussi, parce qu'Internet est en plein essor au moment où nous démarrons ce projet. L'hôtellerie, prisonnière de procédures standards, de traditions et d'habitudes, doit alors fournir de gros efforts d'adaptation pour coller à l'air du temps. Le Mama, lui, peut être entièrement pensé pour tirer tout le bénéfice de cet extraordinaire outil.

Nous accorderons, dès le départ, une part primordiale à la restauration, et ce alors que les grandes chaînes hôtelières ont pour politique de ne pas mêler la restauration à l'hébergement. Bien sûr, un des grands pontes de la restauration française, à la tête d'un cabinet de consulting renommé, ne manquera pas d'estimer que, placés comme nous voulons l'être, il ne faudra pas espérer plus de quarante couverts les samedis soir et s'attendre à être vide le reste de la semaine – pour donner tort aux experts, il faudra s'accrocher !

De fait, les débuts ont été un peu lents, surtout à l'heure du déjeuner, mais le talent et la présence de notre regretté chef étoilé Alain Senderens ont été une aide précieuse pour mettre en valeur la cuisine du Mama, et nous avons compté très vite cinq cents couverts en début de semaine et jusqu'à huit cents les week-ends. Alors que la restauration est bien souvent perçue comme une contrainte pour les hôteliers classiques, elle a été et elle est un élément déterminant de notre succès. En faisant du bar et du restaurant le cœur du Mama, nous avons inversé la règle du jeu et transformé la contrainte en avantage compétitif. Nous pensons qu'au-delà de ses musées et de son architecture, l'énergie de la ville est incarnée par ses habitants. En ouvrant nos salles de restaurant aux populations locales, nous faisons entrer l'énergie des villes dans nos hôtels, permettant à celui qui passe une nuit loin de chez lui de ressentir cette énergie.

C'est sur le *rooftop* du Mama que la journée se termine pour les équipes de Netflix à Los Angeles. C'est autour du bar du Mama que se donne rendez-vous la jeunesse bouillonnante de Bordeaux, Lille ou Toulouse. C'est sur l'incroyable terrasse du Mama de Belgrade que l'on ressent le mieux l'énergie et le sens de la fête de nos amis serbes. Oui, c'est au Mama et nulle part ailleurs[11] que l'on perçoit véritablement les pulsations de la ville que l'on visite.

Ces espaces de vie sont, en tout cas, une des clefs de notre réussite. Ils contribuent à tel point au succès de nos établissements que, selon les experts du groupe Accor, nous obtenons ainsi une des meilleures rentabilités au mètre carré sur le marché.

11. Clin d'œil entendu à tous ceux qui n'auront pas oublié ce génial slogan publicitaire de la belle époque du Club Méditerranée.

Avec l'équipe des fondateurs du Mama, Benjamin, Starck, Cyril et Jérémie.

L'ÉQUIPE : MES FILS, PHILIPPE, CYRIL, ALAIN ET LES AUTRES

BENJAMIN ET JÉRÉMIE

Benjamin, c'est le créatif de la famille. Il a hérité de sa mère le sens du beau et du Club, sans doute, celui de la fête.

Adolescent, il accumule, pendant ses vacances au Club, un certain nombre de bêtises que les chefs de villages tolèrent avec beaucoup de gentillesse. Il a grandi dans les villages et dans leur folie, dans une forme d'insouciance, de bonheur et d'amour de la vie. Nous lui avons, Gisela et moi, donné la possibilité de casser les carcans de ce qu'aurait pu être une jeunesse formatée du 16e arrondissement et d'explorer sa vie de la façon qu'il a choisi. Peu studieux, il rate son bac. Je l'inscris alors dans une université américaine, proche de Boston. Là, Benjamin se met véritablement à travailler et découvre qu'il peut même prendre du plaisir à l'étude. Après un beau parcours universitaire, son diplôme en poche, il fait son service militaire dans la coopération, à l'agence d'Euro RSCG de New York. Il y a pire dans la vie. Il rentre ensuite chez Coca-Cola, où il se forme auprès de Sergio Zyman, génial directeur du marketing de cette entreprise emblématique, qui lui transmet tout son savoir. Le soir de ma destitution, témoignant à mon égard d'un immense amour, il donne sa démission à Coca-Cola et s'empresse de rentrer en France pour m'apporter son aide et son réconfort. Il met alors son inépuisable créativité au service du Mama Shelter. Prenant part à tous les aspects du développement du projet, il bâtit le concept avec Philippe Starck, fait les premiers choix en matière de décoration, définit les bases de notre communication et, par son obsession du détail, nous aide à bâtir la marque. Et puis il décide de retourner aux États-Unis et de s'installer à Los Angeles. Passionné d'art et de photographie, il y ouvre sa propre galerie, lieu de rencontre de tout ce que Los Angeles compte de talentueux artistes. Il œuvre également à l'ouverture du Mama L.A., point de départ de notre développement aux États-Unis. Il porte un regard critique, mais constructif, sur la politique marketing du Mama et échange chaque jour avec son frère et moi sur les différents sujets de l'entreprise.

À l'opposé, Jérémie, étudiant acharné, passe ses soirées et ses week-ends à faire ses devoirs. Gisela et moi devons parfois le pousser à prendre un peu de repos. Comme Benjamin, il fait ses études aux États-Unis, à Boston. Il réussit un brillant parcours universitaire et obtient son diplôme avec la mention *cum laude*[12]. Pendant ses études, il se noue d'amitié avec des garçons et des filles d'origine turque, plus dynamiques et chaleureux les uns que les autres. Ainsi, après un premier stage dans une banque new-yorkaise pour apprendre la finance, il décide rapidement de partir pour Istanbul. Là, il ouvre différents restaurants qui connaissent un grand succès. Suite à une première vague d'attentats, je lui demande pourtant de quitter cette ville. Il part alors pour Los Angeles où il intègre l'agence de voyages d'Alexandre Chemla, à la direction du marketing. Lorsque le projet du Mama de la rue de Bagnolet prend véritablement forme, je lui propose de me rejoindre à Paris, car j'envisage de lui confier, à terme, la direction générale de l'entreprise – rôle qu'il assurera avec sérieux et talent. Il veut avoir l'œil sur tout : les menus des restaurants, le design des nouvelles implantations, le site Internet ou la politique marketing. Il a hérité de son grand-père une incroyable attention aux détails, la force du travail et la rigueur de gestion. Mais il est surtout préoccupé par deux sujets majeurs : la sécurité de nos clients et l'obsession des coûts. Il est vrai que, dans notre secteur d'activité, le moindre écart en matière de sécurité pourrait avoir des conséquences dramatiques et que,

« Subversif, éthique, visionnaire, politique, humoristique, poétique : voilà l'idée que je me fais de mon devoir de créateur. »

PHILIPPE STARCK

12. Littéralement « avec louange », équivalent de la mention « très honorable » de nos universités françaises.

par ailleurs, si la préoccupation de Benjamin est d'anticiper l'avenir et de bâtir le devenir de la marque sur les vingt prochaines années, Jérémie, lui, s'attache à ce que chaque fin de mois se passe bien. Pour une entreprise comme la nôtre, qui se targue de vouloir offrir à ses clients des prestations proches du luxe à des prix très abordables, cette obsession des coûts est salvatrice. Il tient à tout valider lui-même, du billet de train pour le déplacement d'un responsable entre Lyon et Paris à la moindre commande de torchon, de draps ou de vaisselle. Il sera bon, sans doute, avec le temps, qu'il apprenne à déléguer, mais nous savons que le pari d'un Mama généreux, créatif et abordable ne peut être tenu qu'avec une formidable rigueur de gestion. C'est grâce à cette rigueur que le Mama est rentable depuis la première année alors que tant de concepts hôteliers, qui se voulaient design et branchés, ont malheureusement fini en faillite après seulement deux ou trois années d'exploitation.

Jérémie, c'est aussi Mister No. Quel que soit le projet, le site, l'idée qu'on lui propose, son premier réflexe est de dire non. Et puis il réfléchit et il lui arrive même parfois d'accepter d'être convaincu. Il met alors toute son énergie à la réussite du projet qu'il combattait de toutes ses forces auparavant.

Jérémie est aussi discret et introverti que son frère est exubérant et ouvert sur les autres. Bien évidemment, ces différences ne sont pas toujours faciles à vivre et, certaines nuits, je peine à trouver le sommeil. Entre Benjamin, basé à Los Angeles, qui souhaite que quelques dépenses de communication soient engagées, et son frère, quelque part entre Belgrade, Prague et Lyon, estimant qu'elles sont inutiles, j'ai un rôle d'arbitre à jouer. Il n'est pas rare que, vers cinq ou six heures du matin, quand l'un va bientôt se coucher et que l'autre se prépare à une nouvelle journée, je sois encore devant mon ordinateur, à me délecter perplexe de leurs savoureux échanges de mails !

Ils sont tous deux passionnés et tout à fait complémentaires. Nous fonctionnons tous les trois comme une équipe à qui il arrive de se quereller, mais qui place toujours la réussite du projet au cœur de la relation. Et puis, parce qu'il y a beaucoup d'amour et de respect entre nous, nous finissons toujours par trouver une solution qui obtient notre adhésion unanime. Nous nous challengeons beaucoup et nous aimons repousser ensemble les limites, briser les murs, imaginer l'impossible et réaliser nos défis. Nous avons chacun notre regard sur le monde, mais nous cherchons en permanence à le rendre plus beau pour le bonheur de nos clients. Peut-être est-ce là une des clefs du succès du gang des Trigano.

Aujourd'hui, alors que j'ai essayé de leur transmettre ce que je sais de notre métier, je pense pouvoir dire que les élèves ont dépassé leur professeur. Ils sont ma plus grande fierté.

PHILIPPE STARCK : LE LÉONARD DE VINCI DU XXIE SIÈCLE

Il a changé ma vie et mon regard sur les choses. Sans lui, le Mama ne serait pas ce qu'il est devenu. Au début des années 1990, alors que je suis encore directeur général du Club, nous venons d'amorcer une montée en gamme. Nous faisons pour cela appel à des décorateurs réputés de grand talent, comme Alberto Pinto ou Christian Liaigre. Gisela, mon épouse – qui a elle aussi décoré quelques villages du

Club –, douée d'un grand sens esthétique et toujours au fait de l'actualité du design contemporain, me conseille de rencontrer aussi Philippe, m'expliquant qu'il est très talentueux et surtout qu'il semble le plus à même de comprendre la philosophie du Club.

Rendez-vous est pris place de la Bourse. Philippe arrive, avec son look improbable, un pantalon large d'une couleur invraisemblable, pas trop bien rasé, son casque de moto à la main. Il est d'un abord facile, chaleureux. Je lui explique la stratégie du Club : nous sommes implantés au cœur des plus beaux sites du monde, nos équipes sont exceptionnelles, notre concept unique. Nous cherchons de nouveaux talents pour rénover certains villages et en dessiner de futurs ; nous voulons monter en gamme, sans pourtant nous couper de la clientèle moins aisée, plus jeune, car nous pressentons que c'est cette mixité qui fera la force du Club dans l'avenir. Philippe, qui est engagé dans une démarche de démocratisation de l'hôtellerie, est sensible à ma vision et, plutôt que d'œuvrer à la décoration d'un ou deux villages, il me propose carrément de devenir le directeur artistique du Club. Ce grand designer, qui a été choisi par François Mitterrand pour décorer ses appartements privés du palais de l'Élysée, qui va rénover l'hôtel Meurice et le Royal Monceau à Paris et qui a signé la décoration de tant d'adresses prestigieuses à travers le monde, garde un souvenir ému des villages du Club, où sa mère l'emmenait, enfant, passer quelques jours de vacances. Il n'hésite pas une minute à l'idée de s'associer au Club. Malheureusement, les événements ne nous permettront pas de mener à terme ce projet, mais Philippe a affirmé, durant notre entrevue, un désir de collaboration allant bien au-delà du Club et je

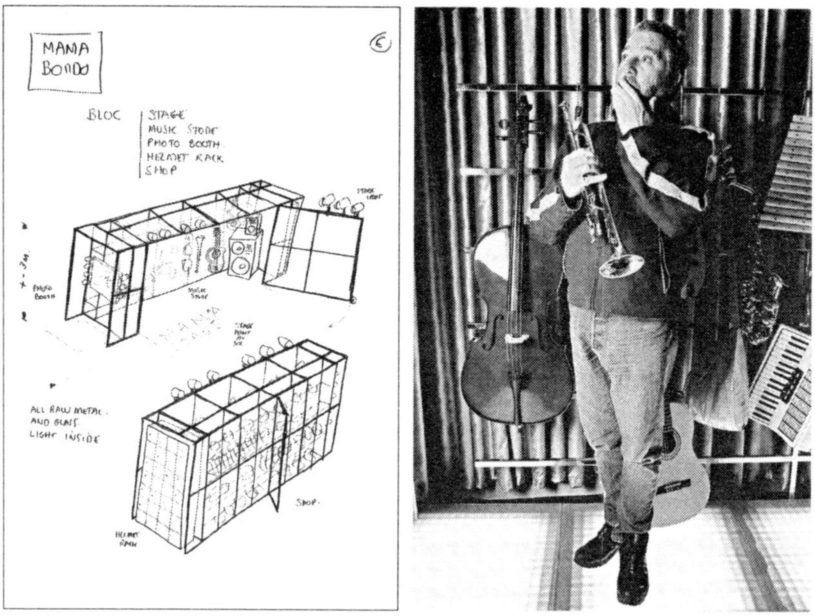

Philippe Starck et son travail de création : projet de l'installation scénique du Mama Shelter de Bordeaux.

nourris l'espoir secret que son soutien me sera accordé malgré tout dans mes entreprises à venir.

Lorsque l'histoire du Club s'arrête, je perds la quasi-totalité de ceux qui prétendaient être mes amis. Mais quand la nouvelle direction propose à Starck un pont d'or pour l'associer au projet du nouveau Club Méditerranée, il refuse, expliquant qu'il préfère rester fidèle à la famille Trigano. Il sera le seul de tous nos contacts à vouloir s'associer à notre nouveau projet et se joint alors à nous pour rechercher les sites où implanter ce *resort* de nouvelle génération dont nous rêvons. Il nous accompagne au Maroc, en Tunisie, au Mexique. Il dessine, il imagine, il s'implique totalement dans le projet, alors que rien n'est signé et que nous n'avons rien d'autre à lui offrir qu'une promesse de contrat. Jamais, durant toute cette période, il ne nous présentera la moindre facture. Et puis Cyril et moi lui présentons le site de la rue de Bagnolet et il accepte immédiatement de se joindre à nous, stimulé par l'idée audacieuse et généreuse de faire naître un lieu tel que le Mama dans ce paysage urbain délaissé. Commencent alors cinq années passionnantes, faites d'échanges féconds et de séances de travail stimulantes, dans une atmosphère extraordinairement créative et joyeuse. Nous ne le voyons jamais sans son papier-calque et ses crayons noirs. Il dessine sans cesse, se laissant guider par son intuition de l'espace. Il invente sur place le coin d'un bar, l'assise d'une chaise, un comptoir d'accueil et je suis en admiration devant son intarissable inventivité. Le leitmotiv de Philippe, c'est « l'énergie du lieu ». Ces mots reviennent, comme un mantra, à chacune de nos réunions. Il ne parle pas de beauté, ni même de design, mais de créer un lieu vivant, un lieu où l'énergie puisse circuler et avoir des effets palpables. Il s'agit de la garder, de ne pas la laisser s'envoler – comme dans ces halls d'hôtel où la hauteur sous plafond avoisine celle des cathédrales. Philippe est partisan des bousculades, qu'il juge préférables au sentiment d'isolement généré par les trop grands espaces. Au Mama, on ne peut pas se perdre, on ne peut pas se sentir seul ni étranger, y pénétrer suffit à sentir cette énergie et à y prendre part. Dès son entrée, le visiteur perçoit les mille choses qui palpitent autour de lui : l'orchestre à sa droite, le membre du *staff* qui coupe le pain au bout du restaurant, un barman qui prépare des cocktails. Tout est agencé pour que l'on se sente bien et pour faciliter la rencontre avec l'autre.

Ce projet est un véritable challenge pour lui : il s'agit d'apporter la touche Starck à un hôtel populaire construit avec peu de moyens. Pourtant, rien ne semble impossible : son talent lui permet de surmonter toutes les difficultés et sa constante bonne humeur fait oublier les inévitables désaccords et tensions qui ponctuent nos échanges. Un jour, alors que le chantier touche à sa fin, Philippe nous présente la lampe de chevet qu'il envisage de commander. Il a choisi un modèle dont le coût de revient s'élève à environ cent cinquante euros et il nous faut malheureusement lui expliquer que, si cette somme est ridicule pour la plupart de ses clients, elle n'entre pas dans notre budget. Visiblement agacé, il nous renvoie gentiment dans nos bureaux. Est-il fâché, contrarié ? Nous n'avons pas le temps de nous inquiéter plus d'une heure avant que son assistante ne vienne nous rechercher. Il nous présente alors une impensable lampe de chevet, bidouillée pour moins de quinze euros avec une lampe de chantier achetée dans un magasin de bricolage et un masque d'Astérix déniché chez un marchand de jouets. Nous sommes encore loin d'imaginer à quel point cet objet fantaisiste fera sensation. Les journalistes du design international crieront au génie et nos visiteurs, exaltés par l'anonymat

« J'ai passé ma vie à étudier, puis en homme libre l'envie de faire m'a taraudé. Réfléchir sur l'immobilier, et plus largement l'urbanisme, les îlots urbains, m'a séduit. S'extraire du dogme des territoires excentrés m'est devenu fondamental. »

CYRIL AOUIZERATE

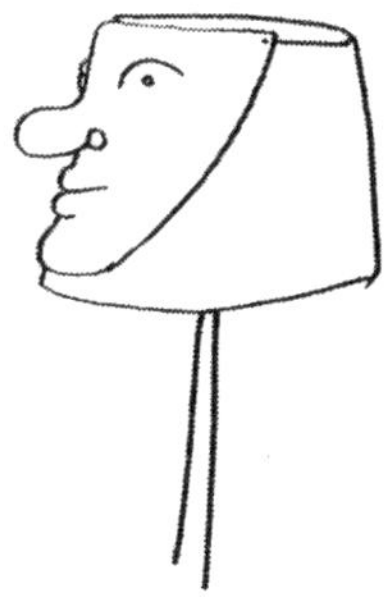

Croquis de lampe par Philippe Starck pour le Mama Shelter de Bordeaux.

conféré par le masque, n'hésiteront pas à se photographier sur leur lit dans des poses que la décence m'interdit d'évoquer ici, mais qui nous laissent envisager, pourquoi pas, la publication d'un livre de photos coquines.

Philippe déléguera à Jalil Amor, un jeune designer de son équipe, le suivi du projet au quotidien. Jalil devra faire face à une entreprise de construction qui aura du mal à comprendre le sens du projet et qui l'entraînera parfois dans des colères homériques. Mais, tenace et exigeant, il réalisera un formidable travail. Quelques années plus tard, à son retour d'un séjour professionnel au Brésil, nous lui confierons la direction de notre équipe de design, où il fera merveille avant de nous quitter, bien trop tôt, en 2018, des suites d'une longue maladie.

En juin 2008, alors que le chantier se termine et que nos communiqués de presse sont prêts à annoncer l'ouverture du Mama pour septembre, l'avocat de Philippe nous explique que ce dernier est aujourd'hui spécialisé dans le haut de gamme et qu'il est hors de question d'associer son nom à notre projet, trop populaire selon lui. Plaisante-t-il ? Il menace en tout cas de me poursuivre si le nom de Starck apparaît dans le moindre article. Je sors de cet entretien abasourdi. Le projet du Mama repose sur un concept nouveau, sur quelques belles idées et aussi sur le nom de Philippe. Ne pas l'utiliser est un vrai déchirement, mais si tel est son désir... Nous modifions alors l'intégralité de nos communiqués de presse. Lorsque, quelques jours plus tard, les premiers articles paraissent, évoquant l'ouverture imminente d'un concept hôtelier révolutionnaire dans le 20e arrondissement, Philippe nous appelle, surpris de ne pas voir son nom associé au projet. Il a certes signé des adresses haut de gamme, mais il veut continuer à défendre l'idée du design démocratique. Pour lui, aménager le Mama, c'est donner corps à cet idéal de société où chacun peut trouver sa place et s'exprimer de manière authentique. Le Mama est né d'une vision philosophique et politique qui nous est commune et il est profondément attaché à son histoire. Nous ne tarderons pas à remettre son nom dans toute notre communication et Philippe sera un brillant et infatigable ambassadeur du Mama à travers le monde. Sa fidélité, son génie, sa gentillesse et sa patience auront été déterminants dans notre succès.

CYRIL AOUIZERATE : LE PHILOSOPHE URBANISTE

C'est par l'intermédiaire de mon ami Sylvain Kern, le brillant fondateur de la Cité de la réussite[13], que j'ai rencontré Cyril en 2000. Ce soir-là, nous dînons ensemble au restaurant le Voltaire, dans le Quartier latin. J'évoque les difficultés que rencontre mon projet de *resort* et mon désir de passer à autre chose. Cyril, qui travaille alors comme urbaniste auprès d'Alain Taravella sur les projets immobiliers de la société Altarea-Cogedim, vient de participer à la création de Bercy Village.

13. *Forum qui réunit chaque année, depuis 1989, à la Sorbonne, de nombreuses personnalités du monde politique, économique, scientifique et culturel pour dialoguer autour des sujets majeurs qui façonnent notre société actuelle.*

PORTFOLIO MAMA SHELTER

Maxence

MAMA Loves You

MAMA
LOVES

COME TO
MAMA
Shelter

Gilbert
Forever

LILLE

VOLTAIRE
CONVENTIO

Il m'écoute attentivement et entreprend spontanément de réfléchir avec moi à la forme que pourrait prendre ce nouveau concept hôtelier dont je rêve – et dont il finit par rêver aussi. Nous décidons très vite de nous associer et de lancer le projet ensemble. Cyril s'est spécialisé dans la réhabilitation urbaine. Nous essayons de trouver un site à Paris et entamons des recherches dans différents quartiers populaires. Après de nombreuses visites, il me parle d'un site en déshérence rue de Bagnolet, un vieux garage tagué de 5 000 mètres carrés. Le choix de ce lieu me laisse un peu sceptique au départ, mais l'enthousiasme immédiat de Philippe Starck aura raison de mes hésitations.

Nous partagerons avec Cyril des moments de joie et d'émulation créatrice, mais aussi beaucoup d'angoisse et de nuits blanches. Essuyant refus sur refus de la part des investisseurs ou promoteurs que nous continuons à contacter avec persévérance, nous craindrons souvent de ne pas voir naître le Mama. Je me souviens avec amusement de notre rencontre avec le maire du 20e arrondissement. Habitué à être reçu par des ministres, chefs d'État et autres royautés, j'étais stupidement convaincu que le maire déroulerait pour nous le tapis rouge. Nous l'entretenons de notre histoire et de notre projet, mais il n'est pas sensible à l'histoire du Club, le nom de Trigano ne semble rien lui évoquer de particulier, il n'a jamais entendu parler de Starck et il lui semble délirant de vouloir implanter un hôtel dans ce quartier un peu perdu, loin des sites touristiques traditionnels. Son unique rêve semble l'implantation d'une médiathèque sur le site que nous avons identifié. L'entretien ne s'éternise pas, nous remercions le maire, traversons la rue et poussons la porte du premier café venu,

Avec Cyril Aouizerate, co-fondateur du Mama Shelter.

juste en face de la mairie. Je suis dépité, j'ai le sentiment d'un échec complet. Cyril, lui, avec son aplomb et son optimisme débordant, est convaincu au contraire que la visite s'est bien passée. Le doute reste entier, mais nous levons nos verres dans un gigantesque éclat de rire.

Cyril fait alors appel à l'architecte Roland Castro. Ce dernier comprend que, dans ce contexte, seul un aménagement urbain mixte pourra remporter l'adhésion des services d'urbanisme de la Ville. Il conçoit donc un projet d'envergure, regroupant le Mama, la médiathèque et des logements à louer. Il faudra tout de même trois ans de négociations avec la ville pour déboucler le projet et c'est finalement Bertrand Delanoë, alors maire de Paris, qui imposera à l'arrondissement ce partenariat public-privé.

Sans me prendre une seule seconde pour Steve Jobs, je me rends compte, avec le recul, que Cyril a quelque chose de Steve Wosniack, l'associé génial de la création d'Apple. C'est avec lui que démarre l'aventure lorsque Steve Jobs crée son premier ordinateur dans le fameux garage de leurs débuts. Très à l'aise dans le processus de création, moins heureux quand la boîte se développe et grandit, il quitte assez vite Apple. Je crois que Cyril incarne le même type de profil. Très actif à nos côtés pendant tout le processus de création, il prendra du recul au fur et à mesure de notre développement et nous quittera finalement assez vite, appelé à exprimer de nouveau sa créativité et son talent dans d'autres aventures naissantes. Après ces années passionnantes, animés l'un et l'autre par la même ardeur à réunir les gens autour d'une vision commune, Cyril reste à mes yeux l'ami et l'associé de la première heure et il me tient à cœur que son nom reste à jamais associé à l'aventure du Mama.

ROLAND CASTRO : L'ARCHITECTE DES BANLIEUES

Il avait pour ambition de réhabiliter les banlieues du temps de Mitterrand. Il est missionné aujourd'hui pour répondre aux enjeux du Grand Paris. Avec ses idées fortes, sa connaissance du terrain et du monde politique, cet architecte hors normes est toujours prêt à proposer à nos hommes politiques de nouveaux projets pour réduire la fracture sociale et bâtir une ville plus apaisante.

Beaucoup moins dans la lumière que Philippe Starck, il n'en sera pas moins un des artisans de notre succès. Il dessinera avec talent un projet intemporel, ancré dans une perspective de valorisation de tout l'arrondissement. Nous recueillerons grâce à lui les suffrages des services d'urbanisme de la ville et, dix ans après sa création, son ouvrage continue à recevoir les louanges de nos clients.

ALAIN SENDERENS : LE RESTAURATEUR DE GÉNIE

Aujourd'hui, l'activité de restauration du Mama est devenue plus importante que son activité hôtelière, ce qui est assez unique dans notre industrie. Aux États-Unis, c'est Ian Shrager qui a été le premier à casser la tradition et l'on peut dire sans fausse modestie que, jusqu'à l'arrivée du Mama sur le marché français, les hôteliers évitaient autant que faire se peut de se mêler de restauration. Ils se contentaient la plupart du temps d'offrir à leurs hôtes un buffet pour le petit-déjeuner, jugeant le reste trop contraignant et trop peu rentable pour s'y intéresser.

« Je n'assumais simplement plus de facturer un repas 380 euros par tête. J'avais honte et je pressentais une lassitude de la clientèle devant cet excès de luxe. »

ALAIN SENDERENS

Dès l'origine, on l'a vu, le Mama compte innover sur bien des points et celui-ci n'est pas sans risques. Mais le succès sera immédiat, la clientèle sera au rendez-vous, comme si elle nous attendait, et ce qui était un pari risqué prendra des allures d'évidence. Ce succès, nous le devons à Alain Senderens, qui a pris le risque, contrairement à d'autres jeunes chefs, tout aussi étoilés, mais moins téméraires, d'associer son nom à un concept novateur, mais incertain, à un moment où personne ne voulait y croire.

Alain Senderens, premier chef des cuisines du Mama et son second, Jérôme Banctel.

Nos chemins s'étaient croisés à l'époque du Club, mais la vie ne nous avait pas accordé le loisir de nous revoir jusqu'au printemps 2008. L'ouverture probable du Mama est prévue dans les trois mois et un énième chef de cuisine vient de renoncer à nous accompagner, inquiet de l'avenir encore trop incertain de notre établissement. Cyril propose alors de contacter Alain.

Passé de commis à la Tour d'Argent à la charge enviée de chef des cuisines du Lucas Carton, ce précurseur de la nouvelle cuisine a humblement rendu sa troisième étoile en 2005 afin d'ouvrir un restaurant où la cuisine gastronomique serait accessible à tous. Il est séduit par l'importance accordée à la restauration dans le *business model* du Mama et par le fait que nous souhaitions l'ouvrir à la population parisienne et non seulement aux clients de l'hôtel. Il est sensible à notre idée d'une cuisine abordable, sans prétention, comme la ferait notre maman et du partage autour de grandes tablées conviviales.

Il vient visiter le chantier, accompagné d'Eventhia, son épouse et sûrement sa plus proche collaboratrice. Nous lui montrons l'ébauche du restaurant, la cuisine en chantier... Il est d'accord pour mettre son talent au service du Mama. À une seule condition : repenser intégralement l'aménagement de la cuisine, qui a été équipée pour une restauration de type collectif qui n'a rien à voir avec ce qu'il a en tête. Nous savons que nous n'avons pas le budget pour financer ce qu'il demande, mais nous donnons notre accord et nous nous donnons rendez-vous le 5 septembre pour l'inauguration. Cela nous coûtera cent mille euros supplémentaires.

Le jour dit, la cuisine est en place. Alain est là, ainsi que toute l'équipe qu'il nous a aidés à constituer autour de Jérôme Banctel, son brillant second. Jusqu'à son départ à la retraite, il n'aura de cesse d'améliorer la restauration du Mama. Il contrôlera tout dans les moindres détails, envoyant des espions certains soirs, avec la complicité amusée de Jérémie, pour s'assurer que les cuisiniers ne dérogent pas à ses instructions. Tout le monde aimera la cuisine de maman, parce qu'elle est savoureuse, généreuse et spontanée. Et elle le restera, grâce au génie culinaire de Guy Savoy qui a repris les fourneaux à la suite d'Alain en 2016.

Je sais aujourd'hui que nos restaurants doivent leur succès à toutes nos équipes et aux chefs qui les dirigent et, plus que tout, à l'immense talent et générosité d'Alain dont la disparition a laissé un grand vide au cœur du Mama.

LA RECHERCHE DES INVESTISSEURS

Dans le monde merveilleux du Club, Gilbert visitait les sites, choisissait le plus beau, et les banques françaises ou les investisseurs locaux, qui le courtisaient chaque jour, se battaient pour financer le projet. Le Club jouissait d'une très belle image auprès de la communauté financière et remplissait ses engagements avec une rigueur qui l'honorait.

Aussi, au moment de débuter le projet du Mama, je sous-estime totalement cet aspect des choses. Je suis certain qu'un coup de fil passé aux banquiers qui ont accompagné le développement du Club – le Crédit lyonnais ou Paribas, par exemple – suffira à régler le sujet. Les banquiers ne se sont-ils pas tenus à ma disposition pendant ces longues années, me répétant à chaque rencontre qu'ils étaient prêts à mettre à ma disposition les millions que je souhaitais ? Quelle bêtise ! J'oublie simplement qu'ils ne s'adressaient pas alors à Serge Trigano, mais au président du Club et il me faudra du temps pour comprendre que leur interlocuteur est maintenant Serge Trigano, l'homme qui vient d'être viré du même Club. Il faut reconnaître, avec le recul, que j'offre pour les banquiers le pire des profils. Alors que j'ai été viré de ma boîte et que certains articles dévastateurs se sont acharnés à casser mon image, je voudrais me relancer dans un domaine assez éloigné du monde des villages de vacances, l'hôtellerie urbaine, avec, de surcroît, la prétention de vouloir tout réinventer. Pour un banquier de base, qui déteste l'échec des autres, la prise de risque et l'innovation, mon cas est sans intérêt et indéfendable. De toute façon, c'est simple : mon dossier n'est même pas présentable au comité des risques.

Avec Benjamin et Jérémie, entourant mon meilleur ami Alexandre Chemla.

Depuis le départ, je finance sur mes indemnités du Club une petite société de gestion qui porte le projet, les études et les premières embauches. Mais je suis à ce moment-là exsangue, d'autant plus que le projet du Maroc m'a déjà coûté une petite fortune. Il me faut impérativement trouver des investisseurs. Il faut aussi, par ailleurs, financer l'immobilier, la construction de l'immeuble et ses aménagements, ce qui représente un peu de plus de vingt-cinq millions d'euros.

Cyril et moi décidons de créer une société commune dont je détiendrai deux tiers des actions et lui un tiers. J'envisage déjà d'associer mes fils au projet, mais je préfère attendre d'être certain que le projet se réalisera afin de leur éviter d'éventuelles pertes en capital.

J'établis donc la longue liste des banquiers et investisseurs financiers que j'ai croisés de près ou de loin dans l'aventure du Club et m'attelle à les contacter un à un. Ils daignent rarement prendre mes appels et peu nombreux sont ceux qui répondent à mes courriers, même pour m'informer d'un refus. Ces derniers, dans le meilleur des cas, me conseillent plutôt de monter un nouveau village de vacances sur les bords de la Méditerranée. Je leur parle d'un nouveau type d'hôtel, prêt à répondre aux attentes d'un monde qui bouge ; eux m'écoutent sans comprendre : « Un hôtel dans le XXe, vous plaisantez ? Et puis faites soit un hôtel, soit un restaurant, surtout pas les deux ! »

Je rencontrerai, seul ou avec Cyril, environ quatre-vingts banquiers et investisseurs qui tous me fermeront la porte. À la Caisse des Dépôts, un des responsables de l'immobilier ira même jusqu'à nous menacer de reprendre le projet à son compte pour le confier à des gens sérieux.

À la recherche de partenaires, je démarche aussi diverses chaînes hôtelières, dont le groupe Accor, mais les responsables de l'époque ne sont pas encore prêts à imaginer qu'un concept innovant puisse se démarquer de leurs hôtels standardisés. Je connais des rejets sans appel et aussi quelques belles humiliations qui me permettent de constater à quel point l'entrepreneuriat français est imprégné de cette conviction qu'il n'y a aucune raison d'accorder une seconde chance à celui qui a connu un échec professionnel. On est bien loin des États-Unis, où, à l'inverse, un renvoi est considéré comme une formidable opportunité et chaque échec comme une nouvelle chance d'apprendre de ses erreurs et de s'améliorer. Pensant qu'il sera sans doute plus ouvert d'esprit, je me tourne alors vers mon meilleur ami,

Alexandre, qui a fait fortune aux États-Unis. Malheureusement, il confiera le dossier pour étude à un de ses amis, numéro deux de la plus grande banque d'affaires française, et se laissera influencer par le rapport qu'il lui remettra, formidable tissu de bêtises et d'ignorance, recommandant de ne pas investir dans Mama, qu'il juge voué à un échec certain. Alexandre, prudent, ne s'associera pas au projet. Mais nous créerons ensemble une agence de voyages à Paris et travaillerons sur d'autres possibilités de collaboration. Et il restera bien sûr mon meilleur ami.

Notre ami, le décorateur Alberto Pinto, voulant nous aider, me fera rencontrer quelques-uns des amis milliardaires qu'il compte parmi ses clients, mais j'échouerai à leur faire comprendre notre concept, trop en décalage par rapport au monde du luxe qui constitue leur seul repère et canalise tout leur intérêt.

Parmi ces rencontres, une en particulier mérite d'être racontée. L'état-major du Marriott montre de la curiosité pour le Mama et nous fait savoir, par l'intermédiaire d'un de nos amis, avocat aux États-Unis, qu'il est prêt à nous recevoir. Nous voilà donc à Washington, nous la petite équipe de pieds nickelés hôteliers français, sur le point de rencontrer l'aréopage le plus traditionnel et le plus conservateur de l'hôtellerie mondiale. Tout l'état-major s'est réuni pour nous entendre et, à la surprise générale, Bill Marriott en personne nous fait l'honneur de sa présence. Il m'explique en guise de préambule qu'il a toujours été fasciné par le succès du Club Méditerranée et par notre capacité à capter une clientèle individuelle – Marriott ne touchant quasi exclusivement qu'une clientèle de groupe séjournant dans ses *resorts* pour des motifs professionnels. Il est donc prêt à nous écouter avec beaucoup de bienveillance. Chacun bredouille quelques mots, puis vient le tour de Philippe qui se lance alors dans un de ces grands numéros dont il est coutumier : « Le concept est sexy, les chambres sont sexy, le *staff* est sexy... » A-t-il oublié que nous sommes face à des mormons pour lesquels le mot sexy doit annoncer l'antichambre de l'enfer ? Chaque fois que Philippe prononce ce mot, je vois s'éloigner un peu plus nos chances d'entamer une quelconque collaboration. J'aurai hélas raison. Bill nous salue en nous souhaitant bonne chance ; il n'est, de toute évidence, pas convaincu. Il est dans l'hôtellerie classique et il souhaite y rester. Il me dira alors : « Vous, vous allez faire des bars avec des chambres au-dessus », formule que j'utiliserai par la suite abondamment dans la communication du Mama Shelter. Malgré la déception, je ne peux m'empêcher de sourire aujourd'hui en repensant à cet épisode cocasse de notre quête d'investisseurs. Et puis, parce que le monde change, nous apprendrons quelque temps plus tard que Bill Marriott s'est rapproché de Ian Schrager et lui a confié la création d'une division *lifestyle* qui rencontrera un formidable succès. Nous étions juste un peu en avance...

Je crois pouvoir enfin toucher au but lorsque nous obtenons l'accord de principe d'un responsable de Natixis, banque spécialisée sur ce type de crédit. Il étudie notre *business plan* pendant des mois, demande des avis d'experts multiples, et lui fait subir l'ultime épreuve : le crash test – curieuse habitude qu'ont ces gens-là de prendre votre étude et de lui appliquer diverses modifications qui vont toutes dans le même sens : « Et si vous n'arriviez pas à ce taux d'occupation ?

Enlevons-lui cinq ou six points. Et si le prix moyen baissait ? Enlevons donc une dizaine d'euros. Et s'il vous fallait plus de personnel pour faire tourner votre hôtel ? Ajoutons donc dix pour cent sur la masse salariale. » Ce processus conduit en général à vous persuader que vous courez droit à l'échec. Miraculeusement, le Mama résiste à tous les scénarios catastrophes. Le dossier passe. Nous sommes à deux jours de signer l'accord lorsque le directeur m'apprend qu'il est muté à Alger. Il m'assure cependant que la personne qui le remplacera, une femme très compétente, suivra ses recommandations. Mon expérience m'a appris, hélas, que les choses se passent rarement ainsi dans ces grands groupes et que les nouveaux dirigeants remettent généralement en cause les choix de leurs prédécesseurs. Nous n'échapperons pas à la règle. La signature est retardée d'une semaine, puis deux, puis trois... Pas de nouvelles, pas le moindre signe de vie. Je m'impatiente. En désespoir de cause, j'adresse un courrier un peu sec à l'intéressée, qui daigne enfin me répondre que notre dossier ne présente pas les garanties suffisantes. Retour à la case départ. Que de temps perdu !

Cerise sur le gâteau, le petit crédit de trente mille euros destiné à changer ma vieille Golf m'est refusé par Volkswagen, dont je suis client depuis plus de vingt ans, au motif que ma situation financière comporte trop de risques. Cette anecdote est sans intérêt sur le fond, mais elle en dit long sur mon image. Comment, dans ces conditions, trouver les vingt-cinq millions d'euros nécessaires à la construction du Mama ?

Dans ces moments un peu compliqués, il m'arrive de penser à d'autres qui ont eu à vaincre le même genre de scepticisme. Je pense par exemple à Phil Knight, qui pour bâtir cette entreprise emblématique qu'est Nike, a dû se battre des années durant contre la bêtise des banquiers américains, la trahison de ses fournisseurs japonais ou même la rouerie d'un inspecteur des douanes s'acharnant sur son compte. Je pense aussi à Steve Jobs, le génial créateur d'Apple, évincé de son groupe, et qui a réussi à en reprendre le contrôle. Alors je me dis qu'il ne faut pas s'apitoyer sur mon sort, mais me battre et que je finirai bien par réussir.

Et, effectivement, parce que la volonté et la passion finissent toujours par payer, Laurent Choain, alors directeur des ressources humaines du Groupe Caisse d'épargne, pousse notre projet auprès de Guy Cotret, membre du directoire de la Fédération nationale des Caisses d'épargne et de son président, Charles Milhaud. À cette époque, je gère pour leur compte un centre de formation à Béhoust, dans les Yvelines, ce qui leur permet de constater que je suis encore capable de gérer un site. Ils me mettent alors en rapport avec Olivier Colonna d'Istria, le patron de la Socfim, leur filiale spécialisée dans le financement de la promotion immobilière, qui me propose de bénéficier d'une loi de défiscalisation facilitant l'investissement locatif en résidence de tourisme[14]. Grâce à cette banque, un peu plus courageuse et visionnaire que les autres, le Mama va enfin pouvoir prendre vie.

Le Mama du début ne sera donc pas un hôtel, mais une résidence de tourisme dont chaque chambre appartient à un particulier à qui nous réglons un loyer chaque trimestre. Libre à nous de gérer cette

14. Grâce à cette loi, des particuliers qui achètent un appartement et s'engagent à le louer pour une durée minimale de neuf ans peuvent bénéficient d'avantages fiscaux. C'est ainsi que Pierre & Vacances peut développer ses infrastructures.

résidence de tourisme comme un hôtel, notre seule contrainte légale étant d'intégrer un coin cuisine à nos chambres – ce que Philippe fera avec son talent habituel, aménageant des kitchenettes davantage destinées à satisfaire la législation qu'à se faire réellement à manger. Les investisseurs tenant à ce qu'une caution leur soit versée, nous devrons nous porter garants du paiement du loyer des cent soixante-douze chambres sur les vingt ans à venir. Nous serons également propriétaires des parties communes, bar et restaurant.

Le pari est plus que risqué. Nous savons qu'échouer entraînerait la ruine de la famille pour quelques générations, mais c'est le prix à payer pour lancer le Mama.

Pour renflouer la petite société de gestion que j'ai créée, je trouve enfin un entrepreneur français qui accepte d'investir dans notre affaire. Il s'engage d'abord à hauteur de deux millions d'euros, puis se rétracte et propose un million. Je suis obligé d'emprunter un million à la banque, afin de disposer des fonds propres nécessaires à l'obtention des premiers crédits. Petite humiliation supplémentaire, la banque, estimant que ma surface financière n'est pas suffisante, n'est prête à m'accorder ce prêt qu'à la condition que ma mère se porte garante. Puis, quelques mois plus tard, notre homme décide de se retirer tout à fait. C'est l'occasion pour Michel Reybier de rentrer au capital de Mama. C'est un industriel réputé qui a fait fortune dans l'agroalimentaire, puis qui en est sorti pour réinvestir avec succès dans l'immobilier et les vignobles. Michel investit dans l'hôtellerie de grand luxe et y apporte une vraie valeur ajoutée. Il possède le groupe hôtelier La Réserve, affilié au label des Leading Hotels of the World, mais il souhaite s'intéresser également à une hôtellerie plus économique comme le Mama. Nous n'utiliserons pas ces fonds déposés sur notre compte, mais grâce à eux nos banquiers sont rassurés et commencent à nous regarder d'un œil différent.

L'OUVERTURE DU PREMIER MAMA

Au cours de l'été 2008, voilà plusieurs fois que l'ouverture a été repoussée. L'entreprise en charge de la construction ne manque pas de bonnes excuses, mais nous avons entrepris les embauches. Nous avons recruté notre premier general manager, puis Jean-Claude Elgaire, ancien chef concierge au Plazza Athénée, qui a déniché les premiers talents et s'apprête à les former. Ce dernier vient d'un monde tout à fait à l'opposé du Mama, mais il est un des rares à véritablement connaître l'hôtellerie dans notre équipe. Et puis Sabynn, une ancienne de Disney, et Thierry, un ancien du Club, ont commencé à constituer l'équipe. Il est donc temps de fixer une date. Ce sera le 5 septembre, date d'ouverture du salon Maison et Objets, qui se tiendra à Villepinte et dont l'accès sera facile pour les résidents du Mama.

Jérémie et Benjamin ont imaginé notre site Internet, qui sera un des principaux outils au service de notre réussite. Il nous permet, à l'instar des compagnies aériennes *low cost*, de vendre directement à nos clients sans passer par les traditionnelles plateformes de réservation, dont les commissions sont difficilement compatibles avec nos prix de vente, qui n'excèdent jamais une centaine d'euros. Grâce à cet outil de vente en ligne, nos prix peuvent varier en fonction des dates et de l'occupation du Mama. Cette stratégie nous permet

Avec Jérémie, Benjamin et le staff Mama Shelter,
photographiés par l'ami Jean-Baptiste Mondino.

d'obtenir, dès le début, de très bons résultats économiques, puisque nous sommes profitables dès le premier exercice. Jérémie a mis en place un système de paiement et de contrôle, qui, à la fois, nous garantit d'être payés et nous permet d'observer une grande rigueur dans nos dépenses : comme à son habitude, il a verrouillé toute l'organisation, a peaufiné chaque détail – des outils de réservation du restaurant au contrôle des achats –, a signé lui-même chaque chèque et s'est attaché à contrôler l'intégralité du fonctionnement de notre petite entreprise.

Nous sommes à quelques jours de l'ouverture, quand Nathalie Bensahel, une ancienne journaliste de *Libération* qui écrit désormais pour *Le Nouvel Observateur*, m'appelle. Elle est une des rares journalistes qui, en couvrant mon départ du Club, ne m'a pas cassé, contrairement à la plupart de ses confrères. Elle a entendu parler de notre projet et souhaite visiter le chantier. C'est très risqué, nous ne sommes pas prêts, mais j'ai confiance en elle et accepte de la recevoir.

Philippe Starck, Benjamin, Cyril et Jérémie sont là. Nous l'attendons dans le hall d'entrée, où les ouvriers s'affairent et où il est difficile d'imaginer que nous ouvrons dans quelques jours. Nous lui faisons visiter les lieux. Elle pose mille questions, auxquelles nous essayons de répondre. Nous lui racontons notre histoire, notre vision de l'hôtellerie, nous lui faisons partager la part de risque que comporte la création de ce nouveau concept, dont le financement s'est vu refuser par toute la place parisienne. La visite s'achève et, avec un grand sourire, elle me dit : « Ça va être de la balle ! » Je ne connaissais pas l'expression, mais le papier paraît quelques jours plus tard : trois pages dithyrambiques, pleines d'éloges sur le design, le concept, le retour des Trigano, l'association improbable avec Philippe Starck, Cyril Aouizerate et Alain Senderens. Son papier fera bientôt référence, lançant le début d'une formidable couverture médiatique, disproportionnée à l'époque pour la simple ouverture d'une résidence de tourisme de cent soixante-douze chambres dans l'Est parisien. Mais Nathalie a bien compris le côté révolutionnaire du Mama et sans doute un peu anticipé son futur succès.

Chaque plafond du Mama est une histoire à ciel ouvert : celle de la ville où vous vous trouvez, la nôtre aussi. Les premiers ont été réalisés par Tarek Benaoum et aujourd'hui c'est Beniloz qui s'y colle. Une succession de petites phrases, choisies avec discernement, rassemble poétiquement anecdotes, recettes de cuisine et messages personnels. Dans la salle de restaurant du premier Mama, un joli cœur porte la mention Gilbert forever, juste au-dessus de la table qui sera la nôtre lorsque nous viendrons déjeuner. Quelques jours avant l'inauguration, une inondation détruit en partie le merveilleux travail de Tarek. Nous maintenons pourtant la date du 5.

Le 4, à minuit, Philippe Starck débarque. Il vérifie tout, déplace un fauteuil, recadre un spot, ajuste une table... mais au final, il est, comme nous, satisfait du travail réalisé. Le maître donne son accord, nous pouvons ouvrir.

Notre premier client pousse la porte dans la matinée du 5, il était temps. Cela fait onze ans que j'ai quitté le Club et je bous à l'idée d'ouvrir ce lieu. Le Mama se remplit progressivement et, à l'écoute des premiers commentaires, nous avons le sentiment que notre pari est en passe d'être gagné. Pourtant, en 2008, la crise financière la plus dramatique de ces dernières années vient de commencer. Les bourses s'effondrent, les économies mondiales se contractent. Parmi les premières mesures, et comme toujours, les entreprises, qui voient leurs profits s'orienter dramatiquement à la baisse, réduisent drastiquement les frais de déplacement de leurs collaborateurs.

Cette grave crise se révèle être notre chance. Alors que la réduction des allocations d'hébergement a rendu les hôtels de quatre ou cinq étoiles inaccessibles aux cadres en déplacement, on peut passer au Mama un séjour agréable pour un prix abordable. Pourrait-on rêver mieux qu'un hôtel dessiné par Starck, où la cuisine est réalisée par un chef étoilé et où l'on peut savourer l'ambiance particulièrement conviviale propre à la famille Trigano ? Ce sera donc chic de séjourner au Mama. Nos clients sont heureux et nous sommes progressivement un peu moins angoissés.

Je ressors mon carnet d'adresses et d'ailleurs, curieusement, le téléphone se met à sonner de nouveau. Les premiers articles, assez élogieux, ont produit leur effet et nous mettons en place une vaste opération de relations publiques. J'invite à dîner, une ou deux fois par semaine, quelques décideurs du monde du tourisme, des journalistes, des people, et même des banquiers. Ils viennent tous, à la fois curieux et bardés de scepticisme. Ils veulent voir cet objet un peu à part dont on parle tant dans Paris. S'ils touchent d'abord du bout des lèvres les mets préparés par les équipes d'Alain Senderens, c'est généralement la razzia sur les desserts en fin de repas. Je leur fais ensuite visiter nos chambres, si différentes de celles d'un hôtel traditionnel. Ils repartent conquis, pour la plupart, et certains vont même jusqu'à exprimer leurs regrets de ne pas avoir investi avec nous dès le départ. On commence à se battre pour avoir une table au Mama et je me retrouve parfois dans la savoureuse situation d'aider des clients à obtenir une table alors que le restaurant est complet. Cela me rappelle cette époque du Club où je faisais l'impossible pour dénicher une chambre à Agadir ou au Cap Skirring au beau milieu des fêtes de Noël. Nous avons très vite le sentiment d'assister à bien plus qu'à la simple ouverture d'un hôtel à Paris, mais à la naissance d'une marque qui – même si nous ne le savons pas encore – va modifier profondément le paysage hôtelier.

LES CLEFS DE LA RÉUSSITE

TRAVAILLER EN FAMILLE

C'EST L'UNE DES CLEFS DE NOTRE RÉUSSITE. Bien sûr, travailler en famille a ses inconvénients. On ne sort jamais réellement de l'univers du travail, on discute de tout, sans arrêt, avec tout le monde, alors qu'on apprécierait parfois une pause.

Mais les facteurs positifs, la liberté, la passion, l'amour, la confiance, la foi dans un projet commun, l'absence de trahison l'emportent et de loin. Et surtout, dans un monde où les fonds financiers s'imposent de plus en plus au capital des entreprises, il n'y a pas photo. Les fonds, majoritairement intéressés à des retours sur investissements souvent trop élevés, ont une vision très court-termiste de l'entreprise. Le plus souvent, ils mettent en place des dirigeants pour des contrats de court terme et pensent qu'ils les aideront à obtenir la meilleure valorisation de leur entreprise en les abreuvant de *stock-options*, accordant *de facto* peu d'intérêt à l'aspect humain de celle-ci. Mais dans le monde de l'hôtellerie, du tourisme ou de la restauration, le facteur humain est primordial ! Et je suis convaincu que le succès dépend en premier lieu de la façon de traiter ses équipes, de les mettre en valeur, de les former et de les promouvoir. Il me semble donc plus intelligent de

Avec mes deux fils : la joie du travail en famille.

travailler en famille, dans une relation de confiance.

Chez les Trigano, travailler en famille, c'est un peu dans nos gènes. Mais nous ne sommes pas un cas isolé dans l'histoire de l'hôtellerie. Le succès des Marriott et des Pritzker aux États-Unis, des Oberoi, en

Avec Gisela dans les années 1970.

Inde, ou des Forte en Angleterre n'est pas le résultat d'une sérieuse étude de marché ni d'un *business plan* précis, mais d'une véritable aventure familiale.

Parmi ses vingt-cinq mille G.O. et personnels, le Club comptait, en 1997, quatre Trigano : mon père, mes deux sœurs et moi-même. Ma sœur Lydie était en charge des rencontres culturelles et du forum. Inspirée par les forums des grandes années du Club, elle organisait d'inoubliables rencontres avec les cinéastes de talents de chacun des pays qui nous accueillaient. Sylvie, mon autre sœur, a su quant à elle développer l'organisation de séminaires dans les villages. Organisatrice de talent, elle a mené également à bien de grandes opérations internes, comme le déménagement de nos bureaux de la Bourse à La Villette.

Mais le Club, ce n'était pas seulement les Trigano ! Bien d'autres familles se sont formées au Club et y sont restées. Quasiment tous les chefs de village y ont rencontré leur partenaire de vie et la plupart de leurs enfants ont eux-mêmes fait au Club leurs premières armes. Cette entreprise, si éloignée des critères classiques, était considérée par beaucoup comme leur famille. Le personnel était soudé, comme les membres d'une innombrable fratrie, et Gilbert, mon père, était aussi un peu le leur. Tous étaient prêts à le suivre au bout du monde pour y faire vivre le Club.

C'était un privilège de travailler avec lui. C'était l'école tous les jours, en voyage comme au siège, en tête à tête comme avec nos collaborateurs ou avec nos visiteurs. Il a été mon modèle et m'a tout appris de ce métier. Aujourd'hui, j'ai la chance de travailler avec mes fils. Bien évidemment, les rapports ne sont plus les mêmes. Je n'ai par exemple jamais contredit mon père publiquement. Ce qui ne m'empêchait pas, une fois que nous nous retrouvions en tête à tête, de lui dire le fond de ma pensée et éventuellement mon désaccord avec sa position.

Avec Benjamin et Jérémie, c'est tout à fait différent. Ils ne se gênent absolument pas pour me contredire – et c'est peu dire – en public. Nous formons, tous les trois, une équipe difficilement compréhensible vu de l'extérieur, tant nous sommes différents. Mais, au fond, l'époque a changé et c'est bien ainsi. Ils sont totalement cash et libres de s'exprimer sans filtre, de dire les choses comme ils le sentent, ce qui nous met finalement sur un pied d'égalité et nous permet de prendre de véritables décisions collégiales. C'est peut-être ce qui m'a manqué dans mes rapports avec Gilbert.

Aujourd'hui, je crois que nous avons réussi à fonder à nouveau une famille avec les équipes du Mama. Une famille unie par un même amour de la boîte, des valeurs partagées et une réelle fierté d'appartenance, un peu à l'image de celle du Club. Peut-être est-elle là, notre véritable force ? Certes, nous ne sommes pas trop mauvais pour anticiper les tendances de nos clients, certes nous sommes capables de dénicher et de mettre en scène des lieux un peu atypiques, mais je suis intimement convaincu que notre force réside avant tout dans notre capacité à attirer de vrais talents et à les fidéliser. Les liens qui nous unissent avec ces hommes et des femmes de grande qualité qui travaillent à nos côtés sont une vraie richesse. Fidèles et dévoués, ils sont les ambassadeurs sans pareil de notre marque.

Il ne me semble d'ailleurs pas anodin que les effectifs du Mama soient majoritairement féminins. En effet, bien au-delà de la parité ordinairement recherchée dans les entreprises à l'heure actuelle, ce sont les femmes qui tiennent en grande partie la maison. À la fois au siège, aux RH, à la gestion, à la communication, mais aussi et surtout dans les hôtels et les restaurants, elles sont nombreuses à occuper des postes à responsabilité. Directrices de nos hôtels ou responsables de service, elles apportent un dévouement, une énergie et un amour, qui m'émeut chaque fois. Elles sont solides, travailleuses, précises et, en même temps, elles mènent leur vie de femmes ou de mères de famille avec une maestria qui ne cesse chaque jour de m'étonner. Je crois assez fermement que ce sont elles qui portent le succès de notre aventure et je ne cesse de chercher les mots pour les remercier et les féliciter.

RACONTER UNE BELLE HISTOIRE

Lorsque je me plaignais auprès de mon père que l'on parlait trop du Club dans les journaux et lorsque j'étais meurtri par la moindre critique à son égard, il avait une réponse toute faite : « En bien ou en mal, ce qui est important, c'est que l'on parle du Club. »

À mon retour des États-Unis, j'ai moi-même connu les devants de la scène médiatique. J'ai vécu la période bénie des louanges, où la presse s'accordait pour applaudir un fils, digne héritier de son père, et rendre hommage à la beauté du travail en famille. Et puis, en 1997, a commencé la descente aux enfers. Les articles, plus négatifs les uns que les autres, me traitaient de piètre gestionnaire et d'incompétent, vouant aux gémonies le travail en famille précédemment loué avec la même ardeur.

Quand l'aventure du Mama a commencé, j'ai essayé de tenir compte des leçons du passé, mais je pense aussi qu'il est important dans notre métier de faire connaître les personnes qui œuvrent derrière les hôtels et les restaurants. J'avais donc envie de raconter notre histoire. Cela me vaudra quelques prises de bec avec Jérémie et Benjamin. Ce dernier, plutôt favorable à la prise de parole, souhaite toutefois encadrer minutieusement chaque intervention. Jérémie, lui, préfère purement et simplement éviter les journalistes et s'emploie, pour vivre heureux, à vivre caché.

De mon côté, je m'efforce de faire oublier l'image de Serge Trigano, *looser* du Club Méditerranée, pour raconter la *success story* familiale des Trigano père et fils, créateurs du Mama Shelter. Je veille donc à n'être pas au centre de l'attention, à m'entourer systématiquement de mes deux fils sur chaque photo et à toujours raconter notre histoire à la première personne du pluriel.

Un jour, Mireille Dumas, journaliste et productrice d'émissions de télévision, m'a fait part d'un projet. Elle souhaitait faire le portrait de ces familles qui vivent des épopées entrepreneuriales hors du commun. L'émission s'intitulerait « Des dynasties pas comme les autres ». J'éprouve une grande tendresse pour cette femme et lui accorde une entière confiance. J'ai accepté sans hésiter. Bien évidemment, Jérémie ne voulait pas en entendre parler. Mais s'il est facile de s'opposer à l'idée en soi, il est nettement plus ardu de résister au pouvoir de séduction de Mireille en personne. Nous avons fait l'émission.

Mireille nous a suivis partout, depuis nos bureaux parisiens jusqu'à Istanbul, où nous nous apprêtions à inaugurer notre troisième Mama. Jérémie s'est prêté au jeu, même s'il m'en voulait un peu. Le reportage nous montre marchant côte à côte dans les rues de cette ville magique, tandis qu'une voix *off* se charge de traduire en mots la tendre complicité père-fils lisible à l'écran. En réalité, il m'engueule pendant tout ce long *travelling*, m'expliquant de nouveau combien il déteste cette médiatisation.

Benjamin, moins réticent, avait donné son accord, sous réserve qu'aucun plan ne soit fait à l'intérieur du Mama. Pourtant, une fois sur place, le cameraman a souhaité, bien évidemment, filmer quelques plans au restaurant. Ce que, bien évidemment, j'ai accepté. Dans le quart d'heure qui a suivi, je me suis fait copieusement insulter par mon fils qui, gentiment averti par notre responsable de la restauration, était furieux que je n'aie pas respecté son diktat.

J'ai pris l'habitude de ne pas répondre. Mes fils ne font qu'exprimer leur peur. Je les laisse parler et, surtout, je laisse faire le temps.

Mireille souhaitait aussi interroger ma mère. Elle qui n'était jamais apparue dans aucun journal, magazine ou émission de télé... À mes yeux, c'était perdu d'avance. Pourtant, cette sacrée femme a réussi à arracher quelques mots bien tendres à ma maman, pour qui ce fut la seule apparition médiatique.

Au final, cette émission a été un véritable joyau de tendresse, d'amour et de gentillesse. Tous, Benjamin et Jérémie compris, y apparaissent au meilleur de leur forme et la famille n'a eu qu'à se réjouir de cette jolie émission.

Par la suite, nous nous efforcerons, à chaque ouverture, de raconter une histoire afin d'éviter l'insipide standardisation propre aux grandes chaînes hôtelières. Ainsi, à Toulouse, notre implantation sur le site d'un ancien cinéma nous inspirera la création du premier CinéMama, une petite salle de cinéma réservée à nos clients. À Londres, dans un quartier où la musique est à chaque coin de rue, le Mama se dotera de deux *karaoké rooms*. Il en sera de même dans chacun de nos établissements : toujours le même esprit, jamais la même recette.

Aujourd'hui, l'image véhiculée par les médias au sujet du Mama et de la famille est globalement très positive, mais je sais d'expérience qu'il suffit parfois d'un rien pour que tout bascule.

Toutefois, si la presse contribue de manière évidente à la notoriété du Mama et à sa réputation, nous avons également su nous emparer de ce formidable microphone tendu par les technologies actuelles : l'Internet. Être présent sur les réseaux sociaux ne coûte pratiquement rien et l'on peut assez facilement faire connaître son univers sur Instagram, Facebook, LinkedIn ou ailleurs. Si la marque raconte une belle histoire, le consommateur, séduit, participe à sa mise en valeur en partageant son expérience sur les réseaux. Ainsi, photos et témoignages pris sur le vif abondent sur le net au sujet du Mama. Dans le monde d'aujourd'hui, je suis convaincu que nous n'avons plus besoin des traditionnels budgets de marketing. Chaque client étant devenu un véritable ambassadeur de la marque, s'il l'aime, c'est lui qui aide à la bâtir. Je trouve donc personnellement plus intéressant de consacrer nos ressources à l'amélioration du produit. Je suis toujours surpris lorsque je me rends compte que certains de mes interlocuteurs pensent que le Mama est une chaîne hôtelière multinationale implantée dans chaque pays du monde. Qui sait, dans quelques années...

SUIVRE NOTRE INTUITION

Car, après un an et demi à peine de fonctionnement, le Mama de la porte de Bagnolet marche au-delà de nos espérances. L'équipe Trigano, Starck, Senderens, Aouizerate fonctionne bien et nous sommes en avance d'une dizaine d'années sur notre *business plan* – qui avait pourtant fait l'objet de tant de critiques et de sarcasmes. Les travaux du tramway compliquent considérablement l'accès au Mama et pourtant le Tout-Paris se bouscule pour découvrir l'« ovni » – souvent à l'aide d'un GPS, tant ce quartier est éloigné des zones fréquentées habituellement par les *people*, mannequins, acteurs américains ou chanteurs de rap qu'on voit se mêler à la population locale. Ils font parfois la queue longtemps, mais semblent prendre du bon temps.

Ce succès retentissant pose inévitablement la question du développement du modèle : allons-nous en rester là ? L'établissement fonctionne bien et nous permet à tous les quatre, Benjamin, Jérémie, Cyril et moi-même, de vivre très correctement. Quelques bons esprits nous mettent en garde : « Le succès de Paris est un miracle et, comme chacun sait, un miracle ne se produit qu'une fois. Vous devriez vous arrêter là. »

Mais l'appel de l'aventure est plus fort.

Notre seul *business plan*, c'est notre intuition. Il se construit en visitant les villes, en flânant dans leurs marchés, en côtoyant leurs habitants. Cyril propose une deuxième implantation à Marseille. Cette ville nous semble un peu magique, mais le lieu qu'il a repéré ne me plaît pas. Le quartier n'est pas facile d'accès et puis notre salle de restaurant risque de gêner nos voisins... C'est étriqué et ça manque de respiration. Mais Cyril réussit à convaincre Jérémie et Benjamin, et je finis par céder. Nous sommes enchantés par Marseille, ville un peu compliquée, mais géniale. Notre nouvel établissement, avec son aspect clair et coloré, est très différent du Mama de la rue de Bagnolet, mais toujours plein du charme que Philippe Starck a su y mettre. Malheureusement, mes pronostics concernant le voisinage sont avérés. Cette proximité nous impose des contraintes difficilement compatibles avec notre activité et il faut quelques aménagements et investissements supplémentaires pour que ce Mama trouve son équilibre.

Et puis nous implantons un Mama à Lyon, sur un site découvert un peu par hasard dans le quartier Jean Macé. C'est le secteur des sociétés pharmaceutiques et il me semble judicieux d'ouvrir notre établissement à l'organisation de séminaires. Ce point fait l'objet de longs débats avec Philippe, qui a peur que le Mama n'y perde son âme. Nous finissons par trouver un terrain d'entente et décidons d'accepter les groupes, à condition que les participants ne portent pas de badges et que l'entreprise n'affiche aucune signalétique propre. Ainsi, les séminaires qui s'y tiennent ne gênent en rien la clientèle individuelle, bien au contraire. C'est un formidable succès, à la fois pour les sociétés, car la communication et la créativité y sont facilitées, et pour nous, car cette clientèle complémentaire participe pleinement à la réussite économique de l'établissement.

Puis, grâce à la *turkish connexion* de Jérémie, vient le Mama d'Istanbul. L'établissement est magnifique, avec un *rooftop* magique donnant sur le Bosphore. Malheureusement, nos relations sont difficiles avec le propriétaire des lieux, qui renie ses engagements initiaux et refuse d'entreprendre les travaux nécessaires pour satisfaire aux normes de sécurité indispensable. Nous sommes contraints de fermer après seulement trois années d'exploitation.

Nous nous implantons ensuite à Bordeaux, suite à un appel d'offres. Après passage devant le jury et visite du maire, Alain Juppé, rue de Bagnolet, notre projet est retenu. Pour la première fois, nous nous installons en plein cœur de ville et c'est vrai que le Mama y fonctionne encore mieux.

Et puis, Benjamin nous pousse à nous implanter à Los Angeles. J'éprouve une certaine appréhension. En effet, mes cinq années à la présidence du Club à New York m'ont permis de cerner les complexités du marché américain, mais j'ai aussi été très marqué par ce qui est arrivé à Gaston Lenôtre, lui dont le succès parisien avait été si grand, qui a perdu le contrôle de son affaire suite à un investissement malheureux à Houston, au Texas. Mais Benjamin insiste. Et puis Michel Reybier accepte de participer au financement du projet. Au final, ce Mama connaît une belle *success story*. Il nous permettra de créer de nouveaux contacts aux États-Unis et nous ouvrira de belles perspectives de développement.

En 2014, l'arrivée d'Accor accélère les choses. Sébastien Bazin, qui vient d'en prendre la présidence, veut donner une nouvelle dynamique à cette entreprise. Comprenant, entre autres, qu'il manque à son catalogue de marques quelque chose d'un peu plus *fun* que ses hôtels traditionnels, il s'intéresse à ce que l'on appelle communément aujourd'hui l'hôtellerie *lifestyle*. Il envisage un instant de faire quelque chose avec ses équipes en interne, mais, à cette époque, ce n'est vraiment pas dans les gênes d'Accor de faire vivre un tel concept. Sébastien se met alors à la recherche d'un partenaire. Nous sommes quelques-uns dans le même registre, citizenM, 25hours ou ACE, mais le Mama présente l'avantage d'être une société française et aussi d'être allé assez loin dans le domaine de la restauration.

Pour ma part, deux raisons me poussent à préférer un investisseur industriel. Tout d'abord parce que je suis très endetté et que je souhaite me libérer de la pression des banques, mais aussi et surtout parce qu'il me semble que cette configuration de petite société familiale ne nous permettra pas de nous développer réellement. Les grandes chaînes hôtelières, comme Hyatt, Hilton ou Marriott, se sont mises à investir des sommes très importantes dans ce type d'hôtel. L'hôtellerie *lifestyle* est devenue un véritable rouleau compresseur ; on estime qu'elle représente actuellement dix pour cent des hôtels en construction dans le monde. Dans ce scénario, si nous restons seuls, nous finirons au mieux en étude de cas pour les écoles de commerces, comme l'exemple d'une boîte qui a su révolutionner son secteur, mais qui a été dépassée par ses concurrents par manque de moyens.

Alors on dîne un soir avec Sébastien, Benjamin et Jérémie. Chacun essaie de séduire l'autre et à la fin de ce joyeux dîner amical et chaleureux, on se tape dans la main : Accor prend une participation dans le Mama et s'engage à nous aider dans le développement. Au départ, il s'agit simplement de transformer des établissements existants, relooker des Mercure ou des Novotel. Cependant, Accor ne nous propose pas – et c'est de bonne guerre – les meilleures implantations et surtout nous nous apercevons assez vite que ce type d'hôtels n'offrent pas les parties communes nécessaires à la réussite de notre concept. Sébastien nous propose alors d'intervenir lors d'une conférence destinée à ses développeurs à Dubaï. Le métier de ces cent cinquante hommes et femmes consiste à séduire des investisseurs à travers la planète pour leur proposer d'engager des fonds dans des hôtels qu'ils laisseront à Accor le soin de gérer à leur compte. Jérémie qui a horreur de parler en public y fait une démonstration très convaincante. Depuis ce jour, les propositions n'arrêtent pas.

Mais, bien plus que cela, ce qui fera le succès de ce partenariat, ce sera l'engagement, scrupuleusement respecté par Sébastien, qu'Accor ne s'immiscera pas dans la gestion du Mama. Nous les tenons bien sûr parfaitement informés de tout, nous les consultons sur les grandes décisions stratégiques, mais c'est bien Jérémie qui dirige avec ses équipes, tout en restant à l'écoute des conseils ou des idées que Benjamin et moi pouvons lui prodiguer.

Nous devons donc aujourd'hui une partie de notre succès aux équipes d'Accor – et tout particulièrement à la complicité de Christian Karaoglanian, ancien directeur général du développement d'Accor, ainsi que de Cédric Gobilliard, ancien du Club Méditerranée, et d'Amir Nahai, tous deux responsables de la division *lifestyle* chez Accor. Grâce à eux, notre développement s'accélère à travers la planète : en Europe, de Belgrade à Prague, de Prague à Toulouse, de Toulouse à Rome et bientôt à Lisbonne, mais aussi en Amérique du Sud avec des projets à Rio de Janeiro, Santiago du Chili ou São Paulo, en Asie avec Singapour ou encore au Proche-Orient avec Dubaï ou Bahreïn.

Le rythme de notre croissance est assez effréné, puisque nous doublons de taille environ tous les trois ans. Le succès des dernières ouvertures interpelle les investisseurs, qui ne cessent de nous solliciter. Je pense qu'il y a de fortes chances pour qu'une petite cinquantaine d'établissements voient le jour d'ici 2025 et je crois qu'il pourrait bien y avoir un jour une centaine de Mama à travers le monde.

Malheureusement, l'arrivée d'Accor a marqué le départ de Philippe Starck qui, un peu inquiet que nous perdions notre âme dans cette collaboration, a décidé de s'en éloigner.

Et, en effet, l'enjeu aujourd'hui n'est plus de trouver des financements, mais bien de préserver l'âme du Mama, quels que soient les points du globe où nous nous posons. Ainsi, Benjamin et moi accompagnons Jérémie dans sa tâche : choisir les bons emplacements, sélectionner les investisseurs et séduire les autorités locales. Jérémie met ensuite tout cela en musique, choisit les *designers*, fait les *business plans*, surveille la construction et participe activement aux ouvertures. Il reste de ma responsabilité de motiver les équipes, de leur expliquer en quoi le Mama est différent d'un hôtel classique et en quoi leur tâche, quelle qu'elle soit, est déterminante pour le succès du Mama.

CONCLUSION

DANS LES ANNÉES 1950, LE CLUB A TOTALEMENT BOULEVERSÉ SON ÉPOQUE. Résultat d'un rêve un peu utopique, il a pu redonner du bonheur et l'envie de vivre aux rescapés de la guerre. En révolutionnant les vacances, il a aussi contribué à changer la vie de milliers de gens à travers le monde, leur permettant de découvrir d'autres univers, d'autres cultures et d'autres sports. De son côté, depuis une petite dizaine d'années, le Mama a anticipé le développement du tourisme des villes, qui sera au XXIe siècle l'équivalent de ce qu'aura été le tourisme des plages au siècle précédent. Répondant à l'intuition d'une nouvelle façon de voyager, il fait entrer l'énergie des villes dans ses hôtels, créant ainsi une expérience inédite pour ses clients. Essayons donc de considérer un instant les points communs de ces deux aventures, car l'une comme l'autre sont en rupture totale avec les codes de leur industrie.

Que ce soit à la plage ou en pleine ville, le Club comme le Mama ont mis en valeur de nouvelles destinations, à l'écart des circuits touristiques traditionnels. Grâce à son incroyable intuition, Gilbert a découvert les plus belles plages du monde et cela a entraîné pour le Club d'importants avantages économiques. Chaque village a eu sa propre histoire, son lot de rencontres et de prises de risques et de nombreuses villes touristiques et stations balnéaires – comme Agadir, Cancún, le Cap Skirring, Djerba, Phuket ou Marrakech – doivent leur succès au Club. Nos villages y ont amené des emplois, des devises et aussi beaucoup d'amour. Aujourd'hui, le Mama, connaît plus ou moins la même dynamique. La différence majeure est qu'il est implanté dans des villes, avec une stratégie à double détente. Tandis que les villes de taille moyenne, comme Toulouse, Lille, Bordeaux ou Belgrade, concentrent leur énergie dans leur cœur, les grandes villes comme Paris ou Londres semblent polariser la créativité et l'énergie plutôt en périphérie, dans les quartiers où résident les talents et les artistes de demain.

Le Mama, comme le Club, s'appuie à la fois sur un *business model* implacable et bien plus que cela. Dans un cas comme dans l'autre, la stratégie est bien pensée, rigoureusement négociée et exécutée. Le Club était, à l'époque, le seul dans son domaine capable de mettre en valeur des sites au milieu de nulle part. Il savait négocier les avantages fiscaux et exonérations de douane. À une époque où le *low cost* n'existait pas encore, il est même parvenu à optimiser les profits liés au transport en acheminant les G.M. par charters ou grâce à des trains affrétés. Le Mama, de son côté, en s'implantant dans des quartiers où personne ne veut aller et en utilisant chaque mètre carré pour en faire un centre de profit, maximise le retour sur investissement pour le plus grand bonheur des propriétaires.

Tous deux ont popularisé leur monde, ringardisant quelque peu leurs concurrents, engoncés dans de vieilles habitudes totalement surannées. Ils ont notamment anobli des métiers. Le Club a rompu avec la logique du loufiat à la recherche d'un pourboire en créant le mythe du G.O., jeune, beau et à la recherche d'un sourire. De même, à la place du personnel hôtelier classique parfois un peu tristounet et compassé, les équipes du Mama comptent de jeunes gars et filles pleins d'entrain et de vie, habités par le désir de faire partager une expérience à nos clients. Et puis, comme le Club, le Mama favorise la diversité au sein de ses équipes, faisant de la tolérance, de l'ouverture aux autres et du faire ensemble des valeurs clés incarnées par chacun de ses membres.

Ils se sont pourtant tous deux heurtés au scepticisme des financiers. Jusqu'à sa rencontre miraculeuse avec Edmond de Rothschild, on sait combien Gilbert, au début des années 1960, s'est systématiquement heurté au refus de financer une entreprise vouée à mourir dans les mois à venir. De même, à combien de refus ai-je dû faire face jusqu'à ma rencontre providentielle avec la Caisse d'épargne ?

Par ailleurs, les deux entreprises ont privilégié le contact direct avec leurs clients. Les agences de voyages refusant de vendre un concept qu'elles ne comprenaient pas, le Club s'est vu contraint dès le début de créer son propre réseau de distribution, ce qui finalement fut sa force dans l'avenir. Au Mama, nous avons profité de l'essor d'Internet pour développer un site qui nous permet aujourd'hui de vendre en direct à plus de soixante-quinze pour cent de nos clients et de créer avec eux un lien privilégié.

Le Club comme le Mama recèlent leur lot d'objets fétiches et se distinguent par un design bien particulier. Les tables d'hôtes, les baby-foot, les graffitis, les bouées, etc. : ce design imaginé par Philippe Starck a fait bien des émules depuis l'ouverture du premier Mama. Alors que le baby-foot était en passe de disparaître, il n'y a pas aujourd'hui un hôtel se voulant branché ou des bureaux soi-disant conviviaux où il ne trône pas. Certains jours, je me dis que la véritable idée de génie aurait été de racheter ce fabricant de baby-foot, tous plus colorés, insolites et irrésistiblement attirants les uns que les autres. La fortune aurait été faite à moindre coût et avec moins de fatigue ! Le Mama est copié sur beaucoup de points d'ordre matériel, mais l'âme de nos établissements ne se limite pas à des questions de design et il me semble que, comme tout objet magique qui serait dérobé à son propriétaire, la magie de ces objets se refuse à opérer ailleurs. Au Mama comme au Club, nous avons soigné de façon prioritaire l'aspect intangible de nos métiers : l'ambiance, les attitudes et la relation humaine. Ainsi, notre vraie réussite c'est la qualité des hommes et des femmes qui font vivre nos entreprises et il est une chose que nos concurrents ne pourront jamais copier, c'est la gentillesse de nos équipes, leur spontanéité, leur générosité et le plaisir pris à œuvrer tous ensemble.

Peut-être que notre force, c'est notre capacité à créer et à faire vivre des univers à part. Les pieds sur terre, nous imaginons des concepts innovants qui, associés à de bons *business models*, deviennent avec le temps les références économiques de leur secteur. Mais notre succès, au-delà de créer des entreprises rentables, c'est aussi et surtout de créer des entreprises émotionnelles. Le savoir-faire de la famille Trigano, c'est avant tout de tisser une dimension affective et de partager des émotions avec nos équipes. Que ce soient avec les G.O. d'hier ou les équipes du Mama d'aujourd'hui, au siège ou n'importe où dans le monde, il y a de l'amour, de l'émotion, de la gentillesse et des attentions permanentes dans notre relation avec nos équipes. Cet amour et cette gentillesse, notre *staff* en gratifie à son tour nos clients. Ce cercle vertueux nous offre une place à part dans le monde de l'hôtellerie. Le fameux parcours client, que vantent beaucoup de sociétés de conseil pour le vendre à des entreprises en mal de reconnaissance, me fait toujours sourire tant il est superficiel et, à mes yeux, un simple produit marketing. À mon sens, la véritable réussite vient d'avoir inversé nos priorités pour assurer d'abord le bien-être de nos équipes plutôt que la satisfaction du client.

Et si, à l'heure actuelle, il est courant d'entendre rappeler l'importance de favoriser le sentiment d'appartenance des salariés à l'entreprise, de mon côté, je peux dire que nos équipes, comme les G.O. de la belle époque, sont une belle et grande famille et que je suis fier d'y appartenir.

Au moment de fermer ce livre, je me rends compte à quel point j'ai été choyé par la vie. Tout d'abord, j'ai eu la chance de recevoir l'affection de mes parents. Mon père m'a transmis la passion de notre métier, son envie d'entreprendre, de fonctionner à l'instinct et de prendre des risques, mais aussi un certain regard sur notre époque et ses implications sur notre secteur d'activité. Ma mère m'a apporté, jusqu'à son dernier souffle, toute sa tendresse, en même temps que des valeurs et un sens critique sur les questions du pouvoir et de l'argent. Et puis, Gisela, Benjamin et Jérémie ont été si présents quand j'en avais besoin. Pleins de tendresse, mais sans concessions, ils m'ont tous les trois aidé à me reconstruire.

Il me faut bien reconnaître également qu'il est rarement donné à un homme de vivre deux aventures professionnelles aussi emblématiques de leur temps. Ainsi, j'oublie les violences de la fin de l'époque du Club et ses petites humiliations pour ne garder de cette épopée que ses plus beaux souvenirs : les villages situés dans les lieux les plus magiques du monde, la beauté des G.O., les fous rires, les séminaires, les prospections avec Gilbert et la passion qui a accompagné cette pacifique conquête du monde.

« Il me faut bien reconnaître également qu'il est rarement donné à un homme de vivre deux aventures professionnelles aussi emblématiques de leur temps. Ainsi, j'oublie les violences de la fin de l'époque du Club et ses petites humiliations pour ne garder de cette épopée que ses plus beaux souvenirs. »

Le Club m'a transmis des valeurs solides. Il m'a appris à travailler en équipe, à prendre la parole devant de larges auditoires. Il m'a aussi doté d'une sensibilité particulière aux problèmes des autres ainsi que d'une ouverture sans aucun ostracisme à toutes les cultures. Les dirigeants actuels du Club peuvent bien essayer de réécrire l'histoire, personne ne peut nous prendre, ni à moi ni aux milliers de G.O. qui m'ont accompagné, ces merveilleux souvenirs dans lesquels il m'arrive parfois de me réfugier.

Aujourd'hui, vingt ans après mon départ, la page du Club est définitivement tournée et le succès du Mama est peut-être ma meilleure réponse à tous mes détracteurs. Notre image jouit d'une

Chloe, Adrien et Pars, mes petits-enfants, la relève !

belle notoriété et le Mama, qui a participé à réinventer notre industrie, est partout entouré de bienveillance et de tendresse. De fils en père et de père en fils, nous avons su transmettre nos valeurs, nos passions et beaucoup d'amour.

J'ai eu la chance de participer à la création de milliers d'emplois et de contribuer à former un grand nombre d'hommes et de femmes à nos métiers. Une de mes plus grandes satisfactions dans la vie est de me retrouver dans un restaurant ou dans un hôtel dirigé par un ancien G.O. et de l'entendre m'expliquer qu'il a appris son métier grâce au Club et qu'il gère aujourd'hui son propre restaurant, son propre hôtel ou qu'il poursuit tout simplement une carrière qui le rend heureux.

J'ai aussi eu la chance inouïe de pouvoir consacrer toute mon énergie à apporter un peu de joie, de bonheur et d'amour à nos clients du monde entier. Je suis heureux de continuer à vivre aujourd'hui de ce métier que j'ai choisi et je ne ressens pas le besoin de prendre ma retraite, alors que tant de choses restent à faire. Et si c'était à refaire, j'agirais aujourd'hui exactement de la même façon. Mon unique regret est que Gilbert ne soit pas là pour voir le succès du Mama.

Alors que je termine ce livre, en ce printemps 2020, une crise d'une ampleur inégalée touche le monde entier. Elle est sanitaire, économique, politique, et surtout elle est mondiale. Le Covid-19 entraîne des milliers de morts, des millions de chômeurs, des milliers de faillites. L'instabilité touche tous les pays et tous les secteurs. Les métiers du tourisme, qui malgré les guerres ou les crises connaissaient une croissance effrénée depuis la fin de la Deuxième Guerre mondiale, sont totalement à l'arrêt et mettront des années à retrouver leur équilibre. Et, cette fois, une promotion sur les prix ne suffira pas à faire revenir les touristes dans les hôtels, les clients dans les restaurants ou les entreprises dans les lieux de séminaires. Ce sera bien plus compliqué. Jean-François Rial, l'emblématique patron de Voyageurs du Monde le plus brillant tour-opérateur d'aujourd'hui, envisage de nouvelles formes de tourisme. Il imagine un tourisme loin du tourisme de masse, un tourisme plus vrai, plus authentique, plus proches des gens qui nous accueillent, avec des voyages moins fréquents mais plus longs. Et Jean-Pierre Nadir le créateur d'Easy Voyages réfléchit aussi de son côté a de nouvelles formes de tourisme.

Le Mama est, bien sûr, violemment affecté et l'incertitude domine quant à la suite, quant à ce fameux monde d'après. Nous ignorons encore quelles seront les réactions de nos clients. Mais, après tout, le Club est bien né après les drames de la guerre et le Mama, lui, au cœur de la plus grave crise économique de ces vingt dernières années. Alors, certes, ce sera difficile, mais je veux croire que nos équipes feront face et que, les envies de rencontre et de fête restant intactes, nous saurons nous adapter aux nouvelles contraintes.

Des villages du Club installés sur les plus belles plages du monde aux étonnants *rooftops* du Mama nichés au cœur de villes magiques, notre famille a toujours su imaginer et faire vivre avec amour ces lieux privilégiés, quelle que soit l'époque. Alors, Covid ou pas, nous allons continuer à apporter du bonheur.

Et, à côté du Mama et si Dieu le veut, il restera bien d'autres choses à imaginer : des *resorts* d'un nouveau genre reprenant les racines du Club, mais plus en phase avec le monde d'aujourd'hui ; des hôtels de luxe moins guindés et plus abordables ; des espaces conviviaux destinés aux entreprises qui auront opté pour le télétravail et qui en auront besoin pour maintenir le lien social ; des vrais lieux de vie, loin des sinistres mouroirs, où les *baby-boomers* qui ont fait la fortune du Club pourront vivre une retraite épanouie et transmettre à leurs petits-enfants leur amour et leurs expériences. Oui, il reste encore, au Mama et ailleurs, mille choses à faire et c'est cela qui me donne l'envie de continuer à créer et à imaginer. Le tout, en famille, bien sûr, avec mes fils aujourd'hui et, pourquoi pas, demain, avec mes petits-enfants.

ANNEXES

REMERCIEMENTS

J'ai tenu à écrire ce livre directement, sans passer par un *ghost writer* ou une forme d'interview, et je suis heureux de cette expérience. Mais ceci n'aurait pas pu être possible sans l'aide inestimable de Claudie Vaucourt. Non seulement cette collaboratrice de talent a enregistré tous mes propos, mais, bien au-delà de ça, elle m'a corrigé quand je n'étais pas assez clair, fait des recherches quand ma mémoire défaillait et aidé d'une façon générale à donner de la cohérence à notre histoire. Qu'elle en soit chaleureusement remerciée.

Merci aussi à Francis Amiand, Jacques Baconnier, Stéphane Bern, Christian Brincourt, Patrice Duhamel, Alain Faujas, Nathaniel Goldberg, Youri Hallemans, Jean-Baptiste Mondino, Claire Nicholls, Pigeon, Michel Verdure et Marianne Weissmann qui, d'une façon ou d'une autre, m'ont aidé à réaliser ce livre.

J'aimerais enfin remercier Nicolas de Cointet, mon éditeur, et ses équipes. Nicolas a fait preuve à mon égard de beaucoup de bienveillance et de tolérance. Il m'a aidé et guidé avec professionnalisme. Malgré mes nombreux changements il n'a jamais marqué le moindre geste d'agacement et, bien au contraire, grâce à ses conseils éclairés, m'a permis jusqu'à la dernière minute de peaufiner notre histoire. Qu'il en soit remercié chaleureusement.

Serge, chef de village, accueille les nouveaux G.M. Été 1970, village de Corfou.

PRÉSENTATION DE L'AUTEUR

Serge Trigano, après des études de sciences économiques, intègre le Club Méditerranée, co-fondé par son père Gilbert. Il y occupera tous les postes, de G.O. à président… avant son éviction en 1997. En 2008, avec ses deux fils et deux associés, il lance un nouveau concept d'hôtellerie urbaine qui va bouleverser les codes de son industrie : le Mama Shelter.

TABLE DES MATIÈRES

Direction éditoriale : Nicolas de Cointet
Couverture : GBH.London
Maquette : Caroline Dauvois
Imprimé et façonné par Normandie Roto
ISBN : 9782226452597

L'équipe de la Guitoune à Eleuthera, été 1981.

Dépôt légal : deuxième semestre 2020
Éditions Albin Michel, 22 rue Huyghens, 75014 Paris
www.albin-michel.fr
Pour tout renseignement :
nicolas.decointet@albin-michel.fr
Facebook : Beaux-livres Albin Michel
Catalogue : bit.ly/extraits-beaux-livres

N° d'édition : 24088/01. N° d'impression : 2003040
Imprimé en France